기 독 변 증 과 문 화 비 평 **①**

손봉호
교수는
누구 인가?

| 박남훈 지음 |

도서출판
세컨리폼
second reform

저자의 말

지난 6월 하순 어느 날, 아마 그때는 전광훈 목사가 문재인 대통령 하야 촉구 기자 회견을 하고, 바야흐로 한국교회가 본격적으로 한국 정치 전면에 나서기 시작했던 어느 날이었을 것이다. 나는 그날 오전 평소 잘 들어가지 않는 페이스북에 오랜만에 들어갔다가 누군가 올린 손봉호 교수의 글을 읽게 되었다. 딱 한 문장이 내 눈에 그대로 박혀 들어왔다.

"한국교회는 개신교 역사상 가장 타락한 교회다."

이 문장을 읽는 순간 온몸이 감전된 것 같은 충격과 함께 한줄기의 생각이 일순간 나를 결박해버렸다. 그 생각은 내가 일단 이 문장을 읽은 이상, 이 말에 반드시 응답해야 한다는 사명감 혹은 의무감 같은 것이었다. 그 생각은 물론 손 교수가 준 것이 아니었다. 아무리 생각해도 그건 위로부터 온 것이었다. 이 말을 못 본 척하고 그냥 지나쳐버린다면, 언젠가 주님 앞에 섰을 때 이 일로 준엄함 책망을 받게 될 것이라는 그런 섬뜩한 느낌이었다. 아니, 섬뜩함만은 아니었다. 다른 한편으로는 오랫동안 기다렸던 출전 통지서를 손에 막 받아쥔 설렘이기도 했다.

그래서 무더위가 시작되던 7월 초부터 글을 쓰기 시작했다. 화·수·목은 글 쓰고 금·토·일은 목회 중심으로 살고, 월은 쉬는 패턴이 몇 달간 반복되었다. 몸과 마음은 점점 지쳐갔지만 10월 3일, 10월 9일, 10월 25일…, 광화문 이승만광장과 청와대 앞에 서 있는 전광훈 목사를 지켜보면서, 나는 지금 내가 할 수 있는 일에 최선을 다하고 있다는 자기점검을 수없이 하곤 했다. 최종 원고를 저장시킨 후 벽에 걸린 달력을 보니, 이미 가을은 깊어져 11월 초순이었다.

글을 끝낸 지금 나는 성취감이 아니라 내 자신의 무지와 몽매를 몸서리치게 절감하고 있다. 이 책에 소환된 분들이나 그리고 그분들을 감히 글 속에 소환한 이 무지몽매나, 모두 주님의 몸된 한국교회를 더욱 사랑하고, 복음 자체이신 주님을 더욱 뜨겁게 섬기는 일에 하나가 되기를 간절히 기도한다.

이 책의 발아가 되었던 칼럼이 교회복음신문에 실렸을 때 일면식도 없던 필자에게 전화를 주시고 격려하고 지도해주신 최홍준 목사님께 이 자리를 빌어 깊은 감사를 올린다. 추천사를 써주신 두 분의 장로님께 감사를 드린다. 특히 추천사를 위해 워낙 꼼꼼히 원고를 읽은 나머지 세 군데 교정까지 봐주신 김덕규 장로님께 고마움을 전한다. 이 책의 성격상 추천사를 받기가 쉽지 않았다. 그래서 필자는 '이상독' 장로라는 가상의 이름으로 자천사(自薦辭)를 썼다. '이상독'은 '이상적 독자'의 줄임말이다.

지난 세월 필자가 오랫동안 광야의 어둠 속을 헤매고 있을 때 이따금 생사확인을 해주시고 밥 한 끼를 같이 해주셨던 이상규 교수님, 그리고 친구 이천효 교수에게 이 자리를 빌어 고마움을 전하고 싶다.

매주 함께 예배드리는 주안교회 공동체에 고마움과 사랑을 전한다. 부족한 목사를 위해 기도해주는 공동체의 사랑이 늘 눈물겹고도 감사하다. 못난 탓으로 늘 고생만 선사하는 가족들에게 엎드려 사랑을 전한다.

2019.11.9. 망미동 서재에서

수수께끼를 풀어가는 독서의 즐거움

．
．
．

　저자의 책 『손봉호 교수는 누구인가』에서 내 관심을 끌었던 것은 글의 논리 전개 과정이었다. 서론에서 일곱 가지 질문들이 던져지고 이후 일련의 논증 과정을 거친 후 결론에서 일곱 가지 질문들에 대한 답변이 제시되는 과정이 매우 인상적이었다. '손봉호 교수'라는 우리 시대의 아이콘을 이런 질문-논증-답변의 과정으로 풀어가는 저자의 솜씨가 깔끔하면서도 매우 날카로웠다. 이 책의 결론에서 마침내 맞닥뜨리게 될 손 교수…, 그는 그동안 독자들이 생각해왔던 손 교수와 얼마나 다를 것인가?

　저자는 매우 무거운 주제를 다루면서도 논리 전개 과정을 통해 수수께끼를 풀어가는 즐거움을 독자들에게 선사하고 있었다. 윤리 이데올로기는 감춰지고 프레임은 명확히 드러나는 윤리 이데올로기-프레임의 구조로 인해 그동안 한국교회가 손 교수에 대해 혼란스럽고도 복합적인 반응을 보이게 되었다는 저자의 설명은 실로 명쾌한 것이었다. 그동안 손 교수에 대해 막막하고 막연했던 느낌이, 점차적으로 구체적이고도 명징한 인식으로 바뀌게 만드는 이 책의 매력을, 다른 많은 독자들도 함께 누리게 되기를 희망한다.

　　　　　김성원(교회복음신문 사장, 부산기독언론인협회 회장, 예린교회 장로)

저자의 '기독변증과 문화비평'이 가져다준 시원함

:
:

손봉호 교수가 매스컴에서 쓴소리를 날릴 때마다 나는 늘 왜, 라는 의문을 갖고 있었다. 그건 '기독교 윤리'를 하면, 으레 한국교회에 대해 저런 독설을 날리게 되는 것인가, 라는 의문이었다. 이 의문은 이 책 저자의 원고를 읽어나가면서 일순간에 해소되었다. 손 교수의 일련의 발언들은 '기독교 윤리'가 아니라 바리새적 '윤리 이데올로기'에 입각해 있다는 저자의 분석이 그동안의 나의 의문을 정말 시원하게 날려버린 것이다. '윤리 이데올로기'에 의해 만들어진 손 교수의 신랄한 '프레임'의 의미도 제대로 이해할 수 있게 되었다.

저자의 이러한 분석이 단순히 사회철학 혹은 사회과학적인 사고에서 비롯된 것이 아니라 신실하고도 정확한 성경해석에서 비롯된 것이라는 사실이 나의 마음을 기쁘게 한다. 마태복음 23장 23절-24절에 대한 손 교수의 해석을 재해석하는 저자의 시각은 매우 예리하면서도 철저히 성경적이다. 전체성의 맥락에 입각해 있다. 성경을 인용했다고 다 성경적이 아니다. 성경을 인용했다고 해도 성령의 인도함을 제대로 받아야 올바른 성경 해석이 가능하다.

대한민국 기독교 우파는 그동안 불법과 타락을 저지른 윤리적 죄에 대해 자성하고 회개하며 예수 그리스도께 나아가야 한다. 반면 기독교 좌파도 일부 한국교회의 불법과 타락을 빌미로 삼아 한국교회 전체를 공격하면서 자기 의에 빠져들었던 영적 교만의 죄를 회개하며 예수 그리스도께 나아가야 한다. 특히 한국교회를 비판하는 자들은 비판하기 전에 기독교윤리와 윤리 이데올로기를 분별하고 자신을 먼저 돌아봐야 한다. 예수 그리스도가 없으면 그건 기독교도 아니고 개신교도 아니고 아무것도 아니다.

이상독 장로(좌파 사상사 연구소 소장)

파괴성 좌파 이념에 대한 예방주사

•
•
•

저자의 글은 이중적으로 다가온다. 글이 밝힌 것은 문화 비평의 대상인 손봉호 교수의 저서와 언론매체 인터뷰 기사들의 주장들이 가진 문제성이었다. 그 주장들의 문제성을 입증해 가는 논리의 전개 과정을 열심히 쫓아가다 보면 어느새 한국교회의 해체를 시도하고 있는 좌파들이 가지고 있는 생각의 틀과 그들이 신봉하는 이념의 해악성을 잘 파악할 수 있게 된다.

이 책을 추천하는 이유는 이 책이 우리 몸의 면역성을 증강시키는 실제적인 효용성을 가지고 있다고 판단하기 때문이다. 즉 교회에 침투하려는 파괴적 좌파 이념을 발견해내고 이를 퇴치하는 예방주사의 효능이 있다고 보기 때문이다. 저자의 직설적인 주장들이 문화 비평에 익숙하지 않은 성도에게는 다소 부담스럽게 느껴질 수도 있겠으나 주님의 교회를 수호해야 하는 책무를 받은 지도자들에게는 영적 안목을 더욱 밝히고 예리하게 하는 데 쓰임을 받게 될 것을 확신한다.

김덕규(동아의대 교수, 온천교회 장로)

|목차|

1 손봉호 교수를 다시 생각하며 던진 여섯 가지 질문 · 14

2 손봉호 교수의 다면적 얼굴들

3 손봉호 교수의 마태복음 23:23–24 해석 분석

1.

손봉호 교수를
다시 생각하며
던진 여섯 가지
질문

1

최근 한기총 회장 전광훈 목사가 문재인 대통령의 하야를 요구한 폭탄 발언(2019. 6.)으로 한국교계 안팎이 떠들썩하다. 이런 와중에 필자는 어떤 좌파 유력 인사가 2011년 2월 시사저널과 인터뷰했던 손봉호 교수의 기사를 페이스북에 올린 것을 우연한 기회에 보게 되었다(http://www.sisapress.com). 그 기사를 읽으면서 필자는 엄청난 충격을 받았다. 그리고 그 좌파 인사가 지금 그 시점에서 그 기사를 페이스북에 올린 의도를 깨닫고서 마음이 몹시 복잡해졌다.

그 좌파 인사가 8년 전의 기사를 페이스북에 다시 올린 의도는 명확했다. 그 기사에서 손 교수는 "교회가 돈을 우상으로 섬기고 있다. 성경의 가르침과 너무나 어긋난다. 개신교 역사상 지금의 한국교회만큼 타락한 교회는 없었다"라고 비판하고 있었다. 그러니까 그 좌파 인사가 이 기사를 올린 의도는 무엇인가. '개신교 역사상 지금 한국교회만큼 타락한 교회는 없었다'고 '보수 중의 보수'라고들 하는 고신교단에 속한 손 교수가 말하고 있지 않나? 그러니까 한기총 회장이라는 전광훈 목사의 발언은 논할 가치조차 없다, 이런 의도였던 것이다. 그 좌파 인사는 페이스북에서 손 교수를 침이 마르도록 존경하고 칭찬하면서 한기총에 대해서는 일언반구도 하지 않았다. 아예 논의의 가치조차 없다는 태도였다. 손 교수의 인터뷰 기사를 올린 것 자체로, 그리고 그저 손 교수를 칭찬만 해도, 자연스럽게 한국교회는 그 저주의 프레임에 의해 저절로 '디스'가 되어버리는 논리를, 그 좌파 인사는 속으로 낄낄거리며 즐기고 있었던 것이다. 도대체 그에게 그런 기쁨을 준 손봉호 교수는 누구인가.

 '개신교 역사상 지금의 한국교회만큼 타락한 교회는 없었다'는 손 교수의 담론에는 많은 의미들이 함축되어 있다. '지금의 한국교회는 개신교 역사상 가장 타락한 교회다'는 명제로 정리될 수 있는 그의 발언에서 먼저 문제 삼아야 할 것은 '한국교회'라는 보편 교회 개념을 들고 있다는 점이다. 물론 2011년 당시 한기총의 '돈 선거' 문제는 매우 심각한 사안이기도 했다. 그런데 문제는 왜 손 교수는 이 사건을 한국교회 일부의 문제로 파악하지 않고, '지금의 한국교회'라는 보편 교회 개념으로 사용하고 있느냐는 점이다. 일부 교회에서 문제를 보이고 있다고 하더라도, '한국교회'라는 보편 교회 개념은 함부로 사용해서는 안 된다. 왜냐하면 '한국교회'라는 보편교회는 주님의 교회이기 때문이다. 필자가 판단하기에 손 교수는 이 부근에서 부분을 전체로 보는 오류를 의도적으로 범하고 있다.

 '존경받는 목사도 많지 않은가?'라는 기자의 질문에 대해 손 교수는 이렇게 답변한다. "그렇기 때문에 엉터리에 대한 미움이 더 크다. 그분들의 고결함이 도매급으로 상처를 입으니까 그렇다." 여기서 그는 '엉터리'를 한국교회의 한 부분으로 인정하지 않는다. 게다가 그는 '엉터리'가 아닌 '그분들의 고결함'을 자신의 분노를 증폭시키는 원인으로만 설명하고 있다. 여기서 필자는 어떻게 하든지 '한국교회'라는 보편교회를 '개신교 역사상 가장 타락한 교회'로 정죄하기 위한 손 교수의 의도적인 동문서답 혹은 난청 전략을 읽는다.

한국교회가 모두 다 손 교수가 지적하고 있는 '기복신앙'과 '매관매직'과 '성문제'를 갖고 있는 것은 아니다. 모든 한국교회가 '은혜받고 구원받는 것만 강조하지 도덕적으로 살아야 한다는 것'을 강조하지 않는 것은 아니다. 필자가 보기에 일부 문제가 있는 교회들 외에는 손 교수가 말하는 그런 수준을 넘어서 있는 교회들이 대부분이다. 그가 전가의 보도처럼 사용하는 '윤리'라는 단어를 잠시 빌리자면, 비판에도 쓴소리에도 '윤리'가 있어야 한다. 개신교에 속한 한 사람으로 손 교수가 자신의 발언에 대해 한국교회에 정중하게 사과하고, 이를 철회하기를 공식적으로 요청한다.

필자가 보기에 더 심각한 문제는 '지금의 한국교회는 개신교 역사상 가장 타락한 교회다'라는 판단명제다. 지금의 한국교회의 적지 않은 부분들, 특히 목회자들이 타락한 모습을 보이고 있는 것은 사실이지만, '개신교 역사상 가장 타락한 교회'라고 판단하고 있는 손 교수의 의도는 무엇인가. 무슨 근거로, 무슨 잣대로 이런 판단을 하는 것인가. 여기서 필자가 근거나 잣대를 거론하는 것 자체가 어리석은 일이다. 왜냐하면 손 교수의 입장에서는 '가장 타락한'이라는 최상급의 비판 수사학이 필요하다. 그렇게 해야 한국교회는 가장 타락한 교회로 정죄되는 동시에, 비판 주체인 손 교수는 최상급의 의인으로 격상되는 것이다.

지금 한국교회는 한국교회를 공격하는 좌파와 그 연합세력에 포위되어 있다. 이런 마당에 좌파에게 한국교회를 공격할 수 있는 최상급의 저주 프레임을 제공하고 있는 손 교수는 누구인가? 그는 개신교의 낙랑공주인가? 아니면 좌파 진영을 늘 기쁘게 만들어주는, 좌파 개신교 비판 전담 수석대변인가? '미스터 쓴소리'라는 별명을 갖고 있는 손 교수의 이 발언은 단순한 쓴소리가 아니다. 쓴소리는 사랑을 전제로 한다. 그러나 그의 발언에는 사랑이 없다. 그의 발언에는 예수 그리스도가 없다. 예수 그리스도를 대체한 '윤리'만이 존재한다. 손 교수는 한국교회를 처참하게 무너뜨리면 무너뜨릴수록 그만큼 더 자신이 의로워지는 21세기 바리새인이다.

이상의 글은 필자가 교회복음신문(2019.6.29.)에 '손봉호 교수는 누구인가'라는 제목으로 발표한 내용이다. 왜 나는 이 글을 인용하고 있는가? 손봉호 교수의 시사저널 인터뷰 내용을 읽었을 때 내 안에서 일어났던 격렬한 분노의 불길은 그 이후로 좀처럼 사그라지지 않았다. 그때 내 속에서 외치고 있던 소리는 여러 갈래였다.

(1)손봉호 교수는 누구인가?

(2)'한국교회가 개신교 역사상 가장 타락했다'고 단정하는 그의 발언에는 어떤 의미의 층위들이 깔려 있는 것인가?

(3)도대체 왜 한국교회는 '개신교 역사상 가장…'이라는 최상급 독설을 한국교회를 향해 퍼붓고 있는 일개 장로에 대해 별다른 대응을 하지 못하고 있는 것일까?[1] 그런데 복잡한 심경으로 인터넷을 검색해보니 웬걸, '개신교 역사상…' 못지 않은 강도의 비판을 보여주는 손 교수의 또 다른 발언들을 접할 수 있었다. 그중에서도 한국교회가 위기를 극복하기 위해서는 '완전히 망해야 한다'라고 한 발언 앞에서 나는 어안이 벙벙해지지 않을 수 없었다.

손 교수는 그나마 한국교회가 위기를 극복하기 위해서는 '완전히 망해야 한다'는 강한 표현을 써가며 한국교회가 이대로 계속 타락하고 약해져서 아무런 특혜도 누리지 못할 때 다시 살아날 수 있을 것이라고 강조했습니다. … 손 교수는 소수의 선한 목회자들에게 한국교회의 개혁을 기대해볼 수 있겠지만 이들은 한국교회가 완전히 망한 뒤에 그루터기가 될 수 있을지는 몰라도 망해가는 교회의 청소부 역할을 기대하기는 힘들 것이라는 표현으로 한국교회의 현재 모습을 진단했습니다. 손 교수는 이어, 이들조차도 한국교회가 어지럽다는 이유로 한국교회 전체에 관심을 갖기보다는 자신의 목회에만 몰두하는 이기주의자들이라며 날 선 비판을 이어갔습니다. (노컷뉴스 2019.7.10.)

손봉호 교수의 일련의 발언들을 곰곰이 되새김질하면서 나는 몇 가지 질문을 더 던지게 되었다.

---

1) 필자는 '개신교 역사상 가장 타락한', 그리고 '망해야 할' 교회라고 명명된 한국교회 목사의 한 사람으로서 손봉호 교수에 대해 발언할 자격과 의무와 책임을 갖고 있다고 생각한다.

⑷손봉호 교수는 자신의 저서들 속에서 '예의'를 강조하고 있는데, 정작 그는 교회의 머리 되시는 예수님께 너무 '예의'가 없지 않은가. 예수님 대신 자신이 교회를 심판하는 자리에 올라서 있는 것은 아닌가? 한국교회 윤리교사로서의 자신의 위상에 너무 도취된 나머지 정작 성삼위 하나님께조차 '예의'를 지키지 못하고 있는 것은 아닌가? 어떻게 한국교회를 저렇게 참혹한 수준으로 비판할 수 있단 말인가? 예수님께서 요한계시록에서 아시아 일곱 교회에 대해 권면하고 경고하실 때도 이렇게까지 하지는 않으셨는데, 그렇다면 손봉호 교수는 예수님 위에 있는 사람인가?

⑸손봉호 교수를 저렇게 발언하게 만드는 사고체계는 도대체 무엇인가? 그 정체를 밝혀내야 한국교회가 그에 대해 대응할 수 있지 않은가? 그 정체는 도대체 어떻게 밝혀낼 수 있는가?

⑹한국교회의 '멘토', '원로'라는 얼굴, '정직', '청렴' 등의 도덕군자로서의 얼굴, 한국교회와 한기총에 대해 저주를 퍼붓는 성난 얼굴, 그리고 서울대학교 교수 등의 지식인과 학자로서의 얼굴, 기윤실 성서한국 같은 단체를 통한 사회활동가로서의 얼굴, 이런 그의 다면적 얼굴들을 하나로 묶을 수 있는 그의 진짜 얼굴을 그려내야 하지 않겠는가? 그래야만 한국교회와 성도들이 그에 대해 합당한 대응을 할 수 있지 않겠는가?

내가 이 책을 쓰게 된 동기는 위의 여섯 가지 질문에 대해 내가 대답하지 못한다면, 내 자신이 그런 나를 도저히 용납할 수 없었기 때문이다. '개신교 역사상 가장 타락한 교회'이자 완전히 '망해야 되는' 한국교회 목사의 한 사람으로 이 땅에서 살아갈 자신이 없었기 때문이다. 어떤 연유든 간에(물론 나도 일부 한국교회의 음란과 탐욕과 불법의 현실을 놓고 근본적으로 고뇌하고 그 대안을 모색하며 노력을 기울여 온 사람들 중의 한 사람이다[2]) '한국교회'라는 보편 교회를 향해 극언을 일삼는 손 교수의 행태를 그냥 지켜볼 수 없었기 때문이고, 한국교회가 그의 그런 행태를 거의 방관하고 있는 현실도 그냥 두고 볼 수만은 없었기 때문이다.

나는 나를 포함하여 개신교 전체의 반성과 회개의 문을 열어가는 한 방편으로 이 글을 시작하고자 한다. 어쩌면 위의 여섯 가지 질문들에 대한 작업은 서두에 소개된 나의 글이, 나의 판단들이, 잘못된 것이라는 깨달음으로 귀착될지도 모른다. 아니면 혹시 내가 미처 깨닫지 못하고 보지 못한 손 교수의 정체와 맞닥뜨리게 될지도 모를 일이다.

---

2) 졸저, 여호야김 왕의 면도칼(세컨리폼, 2015) 참조 요.

2.

손봉호 교수의
다면적 얼굴들

2-1

서로 모순되고 충돌하는 손봉호 교수의 얼굴들

먼저 손봉호 교수의 저서들에 나오는 저자 소개를 보면 다음과 같다.

손봉호 교수는 1938년 경북 포항에서 태어났다. 서울대학교 영문학과를 졸업하고 미국 웨스트민스터 신학교에서 신학을 공부한 뒤, 네덜란드 암스테르담 자유대학교에서 철학박사 학위를 받았다. 한국외국어대학교 교수를 거쳐 서울대학교에서 사회철학과 사회윤리학을 가르쳤으며, 한성대학교 이사장, 동덕여자대학교 제6대 총장을 역임했다. 고신대 석좌교수, 서울대학교 명예교수이며, 2011년에 나눔국민운동본부를 설립해 대표를 맡고 있다. 기독교윤리실천운동 이사장, 경제정의실천시민연합 공동대표, 세계밀알연합회 이사장을 역임했다. 서울영동교회, 한영교회, 다니엘새시대교회 협동 설교자로, 하나님 앞에서 진실하고 순수하며 서로 믿을 수 있는 사회, 윤리적인 사람이 되어야 함을 전하는 특별한 사역자이며 윤리학자이며 철학자이며 사회운동가다.

그리고 손봉호 교수는 시민운동의 물길을 연 선구자다. 1980년대 중반 기독교인만이라도 선거 부정을 막아보자는 뜻에서 공명선거기독교대책위원회를 만들어 참여한 것을 시작으로, 1987년 기독교윤리실천운동을 만들었고, 1989년 경제정의실천시민연합 발족에 참여해 공동대표를 맡았다. 공명선거실천시민운동연합을 출범시켜 군 부재자 투표를 영외에서 하도록 했고, 비용이 많이 드는 대중 유세 대신 TV토론을 도입하는 등 선거법 개정에 크게 기여했다. 밀알선교단, 샘물호스피스, 국제기아대책 등의 이사장으로 복지계에서 활동하고 있으며, 한국에 유학 온 외국학생들을 돌보는 국제기독학생회(ISF) 이사장을 역임했고 몽골과 미얀마에서 나무심기 운동을 하는 푸른아시아 이사장으로 활동하는 한편, 기독교세계관학술동역회, 한국교회가 해외에 세운 기독교 대학 연합회인 PAUA, 장기려 기념사업회, 손양원 목사 기념사업회 등의 이사장으로 활동하고 있다.

저서로는 《Science and Person》, 《현대정신과 기독교적 지성》(성광문화사), 《잠깐 쉬었다가》, 《답 없는 너에게》(홍성사), 《인성 교육의 이론과 실제》(원기술), 《약자 중심의 윤리》(세창출판사), 《오늘을 위한 철학》, 《고통받는 인간》(서울대 출판부), 《꼬집어 본 세상》(철학과현실사), 《윗물은 더러워도》, 《별수 없는 인간》, 《나는 누구인가》(샘터), 《건강한 가정》(기윤실) 등이 있다. [3]

매우 화려하고 다채로운 경력을 보여주고 있는 손봉호 교수의 초상은, 다른 한편으로는 다양한 얼굴들의 조각들이 서로 잘 맞춰지지 않는 퍼즐처럼 보인다. 신학을 이수한 장로이자 협동 설교자이며, 소장학

---

3) [출처] 성서한국, 기윤실의 손봉호 교수, 그는 누구인가? (예수님을 따르는 아가페목장) |작성자 돌쇠

자에 의해 '기독교 윤리의 중요성'을 가르쳐준 선배들 중 가장 앞자리에 소개되고 있는[4] '기독교 윤리'의 대부이며, 그럼에도 불구하고 한국교회에 대해 저주에 가까운 비판을 해대는 독설가이며, 기윤실(기독교윤리실천운동), 성서한국 등을 통해 좌편향적 활동을 벌이고 있으면서도, '보수 중의 보수'라고 알려진 고신교단 소속 고신대학교의 석좌교수로 있다는 사실 등등이, 서로 모순되고 충돌되어 도저히 끼어 맞출 수 없는 퍼즐게임 같은 다면적 얼굴을 그가 가지고 있기 때문이다.

---

4) 우병훈, 기독교 윤리학(복 있는 사람, 2019), 10면.

2-2

일곱 번째 질문
— 손 교수는 한국교회의 '아군'인가? 아니면 '적군'인가?

최근 분당우리교회 정진영 목사가 설교 중에 동성애는 대세라는 발언을 해서 많은 논란을 낳았다. 거기다가 담임목사인 이찬수 목사가 과거 설교 중에 신영복 교수의 『더불어 함께』라는 책 제목을 언급하면서 '이런 점에서 신 교수를 존경하는데요'라고 말했던 사실로 인해 '좌파 목사'라는 댓글 공격까지 받고 있었다. 그런데 이런 와중에 이찬수 목사가 정진영 목사의 설교에 대해, 동시에 자신이 신영복 교수의 책 제목을 언급한 사실에 대해 해명하는 내용이 들어있는 설교[5] 결론 부분에 이르러, 손봉호 교수의 책을 인용하고 있는 사실을 필자는 우연히 목격하게 되었다.

원래 인용은 인용 그 자체가 정치학적 목표를 갖는다. 일반적으로 인용은 인용 대상의 권위를 인정하고 그 권위에 기대고자 하는 의도를 갖는다. 이런 의미에서 동성애 시비와 좌파 시비가 일어나고 있는 와중에

---

5) 2019년 6월 16일 분당우리교회 주일설교 〈하루살이는 걸러내고 낙타는 삼키고〉

이찬수 목사가 손봉호 교수의 책을 인용한 것, 그것도 설교 거의 막바지 결론 부분에 이르러 인용한 것은, 그 자체로서 손봉호 교수의 위상을 잘 보여주는 대목이라고 할 수 있다.

설교 내용을 들어보면 알겠지만 이찬수 목사가 손봉호 교수의 책 일부 내용을 인용한 정치학적 목표는 분명하다. 두 가지 논란과 시비를 손봉호 교수라는 권위를 내세워 차단하려는 의도를 보여준다. 대형교회 목사이자 한국교회 차세대 지도자급 목사가 자신의 교회를 둘러싼 논란을 잠재우기 위해 그의 저서를 인용해 설교의 결론을 삼을 정도로[6], 손봉호 교수의 권위는 한국교회 안팎에서 막강하다. 이찬수 목사는 그를 인용한 직후, '한국교회의 원로이자 어른'이라는 극상의 수사학으로 그에 대한 무한한 경의를 표하고 있었다.

이찬수 목사는 그의 설교 끝 부분에서 마태복음 23장 23절-24절의 중요성을 다시 한번 강조하고 있었다-"23 화 있을진저 외식하는 서기관들과 바리새인들이여 너희가 박하와 회향과 근채의 십일조는 드리되 율법의 더 중한 바 정의와 긍휼과 믿음은 버렸도다 그러나 이것도 행하

---

6) 여기서 이찬수 목사의 설교를 가져온 것은 이 글을 이야기 식으로 끌고 가려는 글쓰기 전략의 일환으로 이해하면 된다. 설교할 때 예화를 도입하는 그런 방식이라고 보면 될 것이다. 망설임의 시간이 없진 않았지만 고뇌 끝에 결국 논의를 보다 더 구체적으로 명확하게 하기 위한 방편으로, 이 방식을 시도하기로 했다. 사실 교회 홈페이지에 설교를 올리는 것 자체가, 그 설교를 텍스트, 즉 해석의 대상으로 인정하는 커뮤니케이션 행동이다. 성경은 신성불가침의 영역이지만 설교 텍스트는 그렇지 않다. 필자가 보기에 이찬수 목사의 이 설교는 한국교회가 안고 있는 예민한 쟁점들을 우리로 하여금 다시 직면하게 만드는 중층적 의미의 텍스트가 되고 있다.

고 저것도 버리지 말아야 할지니라 24 맹인 된 인도자여 하루살이는 걸
러 내고 낙타는 삼키는도다." 그는 이 말씀을 인용하고 풀어내는 가운
데 손봉호 교수가 『주변으로 밀려난 기독교』라는 제목의 자신의 저서에
서 이 본문과 관련하여 설명하고 있는 내용을 길게 인용하고 있었다.

 한국교회가 초기처럼 예수님이 낙타에 비유했던 '정의와 긍휼'에 힘
을 기울였다면 그때 누렸던 도덕적 권위를 계속 유지할 수 있을 것이고
하루살이 같은 동성애와의 싸움에도 쉽게 이길 수 있었을 것이다. 건국
후 상당 기간 개신교만 군목을 보냈는데도 다른 종교와 사회 누구도 이
의를 제기하지 않았다. 그만큼 기독교가 국민의 신뢰와 존경을 받았기
때문이다. 지금은 도덕적 권위를 상실해서 기독교가 아무리 옳은 주장
을 해도 "너나 잘하세요!" 야유만 받게 되었다.
 지금이라도 낙타와 하루살이를 구분하고 낙타에 집중해야 하루살
이를 구할 수 있다. (이 지점에서부터 이찬수 목사는 손봉호 교수의 말을 스
타카토로 강조하며 말한다-필자 주) 정직하고 공정해서 정의를 실천하며
하나님과 믿음을 돈, 명예, 권력 같은 하급가치를 얻는 수단으로 착각
하는 우상숭배를 중단하고 하나님이 주신 복을 약한 자에 대한 긍휼
에 사용하면 영적 전쟁에서 결코 패배하지 않을 것이다.…[7]

맞다. 독자들의 생각도 그러하리라. 위에 인용된 손 교수의 지적에 깊
이 공감한다. 한국교회의 불법과 타락의 심각성에 대해서는 동의하지

---

7) 손봉호, 주변으로 밀려난 기독교(CUP, 2017), 161-162면.

않을 수 없다. 우상숭배를 해서는 안 되지 않는가. 그리고 과부와 고아를 돌봐야 하지 않겠는가. 그러나 그럼에도 불구하고 여전히 마음이 편치 않았다. 이 설교의 서두에서 이찬수 목사는 '적군보다 무서운 아군의 오인 사격'을 강조하면서 정진영 목사의 실수를 마구 공격하고 자신을 좌파라고 공격하는 세태를 한국교회의 '내부 총질'로 규정하면서 탄식하고 있었다. 그런데 그 말에 어느 정도 공감은 하면서도 그 '내부 총질'을 조금 다른 관점에서 생각하지 않을 수 없었다. 이찬수 목사에 의해 '한국교회의 원로이자 어른'이라고 불린 손봉호 교수가 한국교회에 가했던 독설들을 다시 상기하게 되면서, '적군보다 무서운 아군의 확신 사격', 혹은 '적군보다 무서운 아군의 확인 사살'이란 참담한 개념을 떠올리게 되면서, 더욱 무거운 마음이 되었기 때문이었다. 그리고 그런 가운데 내 속에서는 마지막 질문, 일곱 번째 질문이 불현듯 피어오르고 있었다. '개신교 역사상…'이나 '한국교회는 망해야 한다'는 식의 발언은 '한국교회의 원로이자 어른'의 쓴소리로 받아들이기에는 너무 참혹한 내용이 아닌가? 그렇다면 혹시 그는 한국교회의 '아군'이 아닐 수도 있지 않겠는가…?

손봉호 교수의
마태복음
23:23-24
해석 분석

3-1

윤리의 이데올로기화와 복음 해체

마태복음 23장 23절과 24절을 다시 읽어보자.

23 화 있을진저 외식하는 서기관들과 바리새인들이여 너희가 박하와
회향과 근채의 십일조는 드리되 율법의 더 중한 바 정의와 긍휼과 믿음
은 버렸도다 그러나 이것도 행하고 저것도 버리지 말아야 할지니라
24 맹인 된 인도자여 하루살이는 걸러 내고 낙타는 삼키는도다

마태복음 23장에는 "화 있을진저! 외식하는 서기관들과 바리새인들
이여!"라고 당시 종교지도자들을 향해 책망하신 말씀이 일곱 번이나 기
록되어 있다. 위의 말씀은 네 번째 책망에 해당되는 말씀이다.

왜 예수님께서는 종교지도자들을 향하여 그렇게 호되게 책망을 하
셨을까? 당시 종교지도자들의 신앙생활이 엉망이었기 때문에 예수님께
서 저주하시면서까지 그들을 책망하신 것일까? 아니다. 당시 종교지도
자들은 우리가 상상한 것 이상으로 모범적인 신앙생활을 했다. 일반 사
람들은 감히 따라할 수 없을 정도로 철저하게 신앙생활을 했다. 그래서

수많은 사람들로부터 존경을 받기도 했다.

위의 본문에도 나오듯이 그들은 십일조 생활도 철저히 했다. 오늘 본문에서 예수님께서는 바리새인들과 서기관들을 향해 이렇게 말씀하신다. "너희가 박하와 회향과 근채의 십일조까지 참 열심히 잘 드리는구나!" '박하'는 유월절 쓴 나물의 양념으로 많이 쓰이는 독특한 향내를 지닌 채소다. '회향과 근채'는 미나리과에 속한 식물로 미나리 비슷하게 생긴 채소다. 그러니까 '박하와 회향과 근채'는 이스라엘 농작물 중에서 보잘것없는 미미한 수확물이다. 이런 사소한 수확물이 생겨도 그들은 어김없이 십일조를 드렸다. 예수님께서 그들을 향하여 "너희가 박하와 회향과 근채의 십일조를 드리되"라고 말씀하신 의미가 바로 그것이다.

그런데 그렇게 열심히 금식하고, 기도하고, 구제하고, 십일조 철저하게 하고, 말씀 배우는 것에 열심이었던 그들을 향해서 왜 예수님께서는 '화 있을진저'라고 호통을 치면서 책망을 하셨을까? 그에 대한 해답은 바로 뒤에 나온다. "너희가 박하와 회향과 근채의 십일조는 드리되 율법의 더 중한 바 정의와 긍휼과 믿음은 버렸도다." 그들은 겉으로 드러나는 신앙생활은 열심히 했다. 남들이 보기에도 존경스러울 만큼 열심히 했다. 그러나 그들의 그런 열심 있는 신앙생활은 모두 사람들에게 보이기 위한 것일 뿐, 그들의 마음에는 신앙의 가장 중요한 요소들, '정의'와 '긍휼'과 '믿음'이 빠져 있었다.

'정의'라는 말은 헬라어로 '크리시스(κρίσις)'인데, 이 말은 '결정, 판단, 심판'을 의미한다. 어떤 것에 대해서 내리는 결정, 판단, 특히 정의와 불의, 옳은 것과 그른 것에 관해 내리는 결정이나 판단 및 심판을 나타낸다.

두 번째로 '긍휼'은 헬라어로 '엘레오스(ἔλεος)'라는 말인데, 공동번역과 새번역에서는 '자비'로 번역되었다. '자비, 불쌍히 여김, 동정'을 의미한다.

세 번째로 '믿음'은 헬라어로 '피스티스(πίστις)'인데, '신뢰, 확신, 믿음'이라는 뜻이다. '신실'이나 '충성'의 뜻이 포함되어 있기도 하다.

열심히 신앙생활 한다고 하면서 정작 중요한 '정의'와 '긍휼'과 '믿음'을 잃어버린 서기관과 바리새인을 향해 예수님은 "맹인 된 인도자여 하루살이는 걸러내고 낙타는 삼키는도다"라고 책망하시고, "그러나 이것도 행하고 저것도 버리지 말아야 할지니라"고 말씀하셨다. '박하와 회향과 근채'의 십일조와 같은 사소한 것(하루살이)은 지키려고 애쓰면서도, 정작 '정의와 긍휼과 믿음' 같은 중요한 것(낙타)은 지키지 않는 서기관과 바리새인의 '위선'을 신랄하게 책망하신 것이다.

이런 문맥적 의미를 갖고 있는 마태복음 23장 23절-24절에 대해 손봉호 교수는 어떤 해석을 내리고 있는가? 그의 해석을 다시 한번 찬찬히 읽어보기로 한다.

한국교회가 초기처럼 예수님이 낙타에 비유했던 '정의와 긍휼'에 힘을 기울였다면 그때 누렸던 도덕적 권위를 계속 유지할 수 있을 것이고 하루살이같은 동성애와의 싸움에도 쉽게 이길 수 있었을 것이다. 건국 후 상당 기간 개신교만 군목을 보냈는데도 다른 종교와 사회 누구도 이의를 제기하지 않았다. 그만큼 기독교가 국민의 신뢰와 존경을 받았기 때문이다. 지금은 도덕적 권위를 상실해서 기독교가 아무리 옳은 주장을 해도 "너나 잘하세요!" 야유만 받게 되었다. 지금이라도 낙타와 하루살이를 구분하고 낙타에 집중해야 하루살이를 구할 수 있다. 정직하고 공정해서 정의를 실천하며 하나님과 믿음을 돈, 명예, 권력 같은 하급가치를 얻는 수단으로 착각하는 우상숭배를 중단하고 하나님이 주신 복을 약한 자에 대한 긍휼에 사용하면 영적 전쟁에서 결코 패배하지 않을 것이다….

손봉호 교수가 위의 인용 부분에서 초점을 맞추고 있는 것은 '도덕적 권위'다. 첫 문장은 '정의와 긍휼'에 힘쓰지 못했기 때문에, 즉 '도덕적 권위'를 상실했기 때문에, '하루살이 같은 동성애'와의 싸움에도 쉽게 이기지 못하고 있는 한국교회의 현실을 지적하고 있으며, 그 뒤의 문장들의 내용도 마찬가지다. 한국교회가 '도덕적 권위'를 완전히 상실했음을 강조한다. "지금이라도 낙타와 하루살이를 구분하고 낙타에 집중해야 하루살이를 구할 수 있다"라는 그의 전제에 혹시나 하고 희망을 거는 독자가 있을지 모르지만, 손봉호 교수의 논리 속에서 한국교회는 "아무리 옳은 주장을 해도 너나 잘하세요 야유만 받게 되는" 존재로 규정될 뿐, 도덕적 권위를 회복할 가능성은 전무한 것으로 파악된다.

그런데 여기서 손 교수의 이런 해석은 매우 신중하게 다뤄져야 한다. 그의 논리는 단순히 '윤리적'인 발언으로만 이해되어서는 안 될 전제들이 내포되어 있기 때문이다.

사실 예수님이 박하와 회향과 근채의 십일조까지도 알뜰하게 챙기는 바리새인과 서기관들에게 정의와 긍휼과 믿음을 말씀하시면서 도덕적 의무를 행할 것을 강조하신 사실은 부인될 수 없다. 맞는 사실이다. 그러나 좀더 깊이 생각해보자. 예수님은 '하루살이'와 '낙타' 양자를 비유로 들면서 바리새인의 위선을 지적하셨다. 바리새인의 위선을 지적하기 위해 전자와 후자를 가져온 것이다. 그런데 손 교수는 돌연히 예수님 말씀을 가로채고 나서서는, 한국교회는 후자를 안 했기 때문에 전자를 할 수 없다는 논리를 펴고 있다. 탐욕이라는 '낙타'를 삼켰기 때문에, 동성애라는 '하루살이'도 막기 힘들게 되었다고 말한다. 여기서 우리는 예수님의 말씀과 손 교수의 논리 사이에 뭔가 심상찮은 괴리가 발생했음을 눈치채야 한다. 어떤 괴리가 발생한 것일까?

예수님이 '하루살이'와 '낙타'를 '사소한 것/중요한 것'이라는 원관념의 은유로 사용하신 반면, 손 교수의 논리는 그렇지 않다. 다시 그의 논리를 찬찬히 살펴보자.

한국교회가 초기처럼 예수님이 낙타에 비유했던 '정의와 긍휼'에 힘을 기울였다면 그때 누렸던 도덕적 권위를 계속 유지할 수 있을 것이고 하루살이 같은 동성애와의 싸움에도 쉽게 이길 수 있었을 것이다….

그의 논리는 예수님의 비유와 어떤 차이를 갖고 있는가. 그의 논리에 의하면 '하루살이'와 '낙타'는 '사소한 것'과 '중요한 것'이라는 원관념의 의미를 벗어나 있다. 위의 인용의 논리 전개를 살피면 "한국교회가 초기부터 예수님이 낙타에 비유했던 정의와 긍휼에 힘을 기울였다면"이라는 표현에서 나타나듯이 '윤리'는 단순히 '중요한 것'이라는 원관념의 의미가 해체되면서, '하루살이' 같은 동성애와의 싸움에도 쉽게 이길 수 있었을 '원인'이 되고 '중심'이 되고, '본질'이 되고 있기 때문이다.

이 차이의 의미는 매우 심대하다. '하루살이'와 '낙타'가 '사소한 것'과 '중요한 것'의 비유가 되면, 이 양자는 예수님께서 말씀하신 의미대로 서기관과 바리새인의 '위선'을 강조하는 뜻으로 사용될 수 있다. 반면 손봉호 교수의 해석처럼 '하루살이'와 '낙타'가 '결과'와 '원인'으로서의 의미를 갖게 되면 그의 해석은 당초 예수님의 말씀과는 전혀 다른 의미를 갖는다. 왜냐하면 손 교수는 여기서 윤리를 강조한 것이 아니라 윤리'만' 강조하고 있기 때문이다. '윤리'가 절대 진리가 되고 있기 때문이다.

그러니까 내가 보기에는 손 교수는 예수께서 바리새인을 책망하기 위해 사용하신 '하루살이'와 '낙타' 비유를 비틀어서 '낙타'의 '윤리'만을 절대 진리 기준으로 내세움으로써 "기독교 신앙은 오직 윤리의 맥락에서만 긍정되고 그 진실성이 검증될 수 있다"는 알브레히트 리츨 류의 해석을 하고 있는 것으로 파악된다.[8] 결과적으로 손 교수는 "이것도 행하고 저것도 버리지 말아야 할지니라"고 하신 예수님의 말씀을 해체하면서 윤리만이 절대 진리가 되는 윤리의 이데올로기화를 주장하고 있는 것이다. 그러니까 손 교수의 논리에는 예수님이 없다. 교묘한 논리 전개 과정을 통해 복음 자체이신 그분의 말씀은 해체되고, 윤리'만'이 강조되고, 윤리'만'이 알파와 오메가가 되는 윤리의 이데올로기화가 주창되고 있는 것이다.[9]

---

8) 이정훈, 교회를 미혹하는 이데올로기, 크리스천이면 분별하라(유튜브, 엘정책연구원) 참조.

9) 이데올로기란 인간·자연·사회의 총체에 대하여 사람들이 품게 되는 의식형태이며, ①그들

인간은 사회현상을 이해하고 평가함에 있어서 불쾌한 느낌을 주거나 욕구충족을 방해하는 것에 대해서는 비판적인 관점을 가지게 되고 그 반대의 것에 대해서는 수용적인 관점을 가지게 된다. 사회 현상을 이해하고 평가함에 있어서 완전히 객관적으로 될 수 없는 인간의 이러한 속성이 인간사회에서 이데올로기의 발생을 불가피하게 만든다. 그러한 속성으로 인해 인간은 사회현상에 대한 사유에 있어서 편견과 왜곡을 범하게 되고 그러한 편견과 왜곡을 정당화하는 관념과 이론들이 생기게 되며 그것들이 바로 이데올로기를 구성하는 요소의 일부가 되는 것이다.[10] 즉 손봉호 교수의 '윤리 이데올로기'는 예수 그리스도의 복음을 해체하고 윤리만을 절대화하고자 하는 편견과 왜곡에 의해 생성된 것이라고 할 수 있다.

그렇다면 한국교회가 '윤리'를 상실했다고 비판하는 비판 주체 손봉호 교수의 '윤리'는 무엇인가. 한국교회가 윤리적으로 타락했다고 비판하기

의 존재에 그 근저적(根底的)인 뜻을 부여하며(가치체계), ②자신과 객관적 제조건에 대한 현실적 인식을 가져오며(분석체계), ③원망(願望)과 확신에 의해 자신의 잠재적 에너지를 의지적으로 활성화함(신념체계)과 더불어, ④구체적인 사회적 쟁점에 대한 수단과 태도의 선택 도식(圖式)을 포함한다. 이러한 내용을 가진 의식형태가 사회집단(정당·조직·세대·계층·계급 등)에 의하여 공유되면 그곳에 '사회적 이데올로기'가 성립한다. 또 이 사회적 이데올로기가 구체적인 각 개인의 생활을 통하여 내면화하면 각 개인의 '개인적 이데올로기'가 형성된다. 사람들은 갖가지 사회적 이데올로기가 착종(錯綜)하는 가운데서 전통적 요인이나 심리적 요인의 영향을 받으면서도 기본적으로 그 사회의 구조에 조응(照應)하는 어떤 개인적 이데올로기의 담당자가 되는 것이다. 사람들은 싫든 좋든 이데올로기에 의해 현실을 파악한다. [네이버 지식백과] 이데올로기의 구조와 기능 (두산백과) 참조. 이런 관점에서 보면 손봉호 교수는 윤리를 절대 진리 기준으로 삼는 가치체계를 주창하고, 그 가치 체계에 의해 한국교회의 현실을 분석하고 비판하고 있다. 그의 이런 '개인적 이데올로기'는 그가 속해 있는 성서한국 등을 통해 '사회적 이데올로기'로 구현된다. 혹은 양자는 역방향으로 상호작용한다.

10) 양동안, 사상과 언어(북앤피플, 2011), 31면.

만 하면 그 언술의 주체가 무조건 '윤리적'이 되지는 않는다. 사실 손봉호 교수의 '윤리'는 '기독교 윤리'인 적이 없다. 더 정확하게 말하면 그는 한국교회의 윤리적 상황을 비판하는 사회윤리운동가이자 사회활동가이지 '기독교' 윤리인 적은 없다.

문제는 손봉호 교수의 '윤리'에는 복음, 즉 예수 그리스도가 완전히 빠져 있다는 점이다. 기독교 신앙에는 그리스도에 대한 가르침으로서의 교리와 그리스도의 길로서의 윤리, 이 모두가 있어야 한다. 윤리를 축소하고 교리만을 강조하는 사람의 삶은 공허하며, 교만해지거나 율법주의에 빠지기 쉽다. 그들은 교리적 지식을 남을 정죄하는 데 사용할 가능성이 크다. 반대로 윤리만을 추구하고 교리를 소홀히 여기는 사람은 맹목적이며, 방향성을 상실한 채 길을 잃게 될 것이다. 이 사람들은 그저 시대의 유행을 따를 뿐, 자신에게 주어진 사명을 찾지 못한 자들이다. 그렇기에 우리는 바른 교리와 바른 실천 모두를 붙잡아야 한다. 그것이 바로 복음이다.[11] '윤리'가 '교리'와 균형을 맞추지 않고, '윤리' 자체를 절대화하는 순간, 그 '윤리'는 이데올로기가 된다.[12]

---

11) 우병훈, 기독교 윤리학(복 있는 사람. 2019), 13면.

12) '윤리'를 강조하고 '교리'를 소홀히 했던 19세기 독일의 자유주의 신학에서는 자연스럽게 삼위일체론이나 그리스도의 신인성 문제 같은 주제는 무시된다. 윤리학이 그 역할을 진정으로 감당하기 위해서는 성경에 나타난 하나님의 계시로 돌아가서 교의학적 주제들과 씨름해야 한다. "윤리학 없는 교의학은 공허하고, 교의학 없는 윤리학은 맹목적이다." 우병훈, 앞의책, 32면 참조. 예수님을 배제하고 교리를 배제한 손 교수의 '윤리'는 그 자체를 '맹목적'으로 절대화함으로써 이데올로기화할 수밖에 없다. 손 교수의 사상적 편력 과정을 살펴보면 그의 '이데올로기화된 윤리'는 범박하게 말하자면 초기에는 유교적 선비의식과 검약정신과 불교적 무소유 등등의 사유 형태를 띠고 있다가 점차적으로 사회주의 이데올로기 쪽으로 수렴되어 간 것으로 추론해볼 수 있다.

손 교수의 논리 속에서 진리이신 예수님은 '윤리'로 대체된 채 삭제된다. 손 교수는 바리새인을 책망하는 예수님의 말씀을 교묘하게 비틀고, 해체하여 '윤리'를 절대 진리로 규정하고 선포함으로써, 마태복음 23장 23절과 24절 말씀의 주체이시며, 성경 전체 속에서 길이요 진리요 생명으로 선포된 예수님을 그 본문에서 즉각적으로 삭제해버린[13] 이 시대의 바리새인이다. 교리를 삭제한 윤리는 이데올로기며[14] 복음의 해체로서, 따라서 그의 윤리에는 예수 그리스도가 존재하지 않는다.

고통을 다루는 저서 『고통받는 인간』에서도 손 교수는 교리보다는 윤리에 관심을 집중한다. "…사실 인간이 저지르는 악의 거의 전부는 사람의 죄에 대한 벌이 아닐 뿐 아니라 오히려 자신의 죄 때문에 고통을

---

13) 이런 필자의 해석은 이 문맥뿐만 아니라 손봉호 교수의 전체 텍스트 문맥에서 가져온 것임을 미리 밝힌다. 단적인 예들 중의 하나는 그가 마태복음 23장 23절–24절을 인용하면서 '낙타'로 가져온 '정의'와 '긍휼'과 '믿음' 중에서 세 번째인 '믿음'을 빼버린 채 앞의 두 가지만 윤리 이데올로기의 근거로 사용하고 있다는 점이다. 앞서 읽었던 그의 글을 통해 확인해보자. "한국교회가 초기부터 예수님이 낙타에 비유했던 정의와 긍휼에 힘을 기울였다면 그때 누렸던 도덕적 권위를 계속 유지할 수 있을 것이고 하루살이 같은 동성애와의 싸움에도 쉽게 이길 수 있었을 것이다.…" 왜 그는 세 번째 '낙타'인 '믿음'을 빼버렸을까? 그에게 '믿음'은 그만큼 부담스러운 것이기 때문이다. '믿음'을 '믿음'이 아니라 '성실'로 '신실'로 번역해야 한다고 주장할 수도 있었겠지만, 그렇게 한다고 해서 사태가 근본적으로 해결되는 것은 아니기 때문이다. 그래서 그는 절대자 하나님의 존재를 전제로 하는 이 단어를 아예 빼버리기로 한 것으로 봐야 할 것이다. 여기서 우리는 성경 말씀을 자신의 생각과 논리에 억지로 끼어 맞추려는 해석의 행태를 손 교수에게서 목격하고 있다.

14) 루이 알튀세르는 '사람들이 자신들의 세계를 이해하는 방식이 곧 이데올로기'라고 설명한다. 그에게 이데올로기란 '우리가 우리 자신의 경험을 이해하는 데 사용하는 일종의 담론'이다. 루크 페레타 지음, 심세광 옮김, 루이 알튀세르의 이데올로기(앨피, 2014), 147면. 손 교수의 '윤리 이데올로기'는 한국교회를 향한 손 교수 특유의 인식세계, 곧 그의 '프레임'을 구성하게 된다. 즉 "이데올로기는 개인이 그들 실존의 실제 조건과 맺는 상상적 관계를 표현한다." 루크 페레타 지음, 앞의책, 149면.

당하는 경우보다는 다른 사람의 죄의 피해자로 고통당하는 것에 기독교는 더 많은 관심을 기울인다 할 수 있다. 단순히 그런 부조리를 인정할 뿐만 아니라 바로 그 사실이 기독교의 윤리관과 사회관의 핵심을 이룬다."[15] 즉 그는 '죄'의 교리 문제에는 관심이 없고, 단지 윤리, 약자에 대한 관심에만 관심을 갖고 있다.

　비판은 비판의 가치판단의 준거를 전제로 한다. 손봉호 교수가 한국교회를 비판하는 논거는 앞에서 확인한 바 있다. 그의 논거는 이렇게 정리된다. 과거의 한국 기독교는 국민의 신뢰와 존경을 받았다. 그러나 지금은 도덕적 권위를 완전히 상실했다. 정직하고 공정해서 정의를 실천하며 하나님과 믿음을 돈, 명예, 권력 같은 하급 가치를 얻는 수단으로 착각하는 우상숭배에 빠져 있다. 그러니까 손봉호 교수가 한국교회를 가장 타락한 교회며 망해야 할 교회라고 주장하는 근거는 한국교회가 도덕적 권위를 상실했기 때문이다. 다시 말하면 손봉호 교수의 한국교회 비판과 폄하와 파괴논리의 근거는 도덕적 권위의 상실이다.

　이런 그의 논리에 의하면 교회=도덕이라는 공식이 나온다. 도덕적 권위가 있어야 존중되어야 할 교회가 된다. 도덕적 권위를 상실하면 그 교회는 교회가 아니다. '망해야' 할 교회며 '개신교 역사상 가장 타락한' 교회가 된다. 그러나 우병훈 교수에 의하면 "교의학은 올바른 믿음

---

15) 손봉호, 고통받는 인간(서울대학교출판문화원, 2016), 171면. 여기서 그는 '고통'의 문제에 대해, 죄라는 '교리'의 측면은 무시하거나 부정하고 '고통'의 해결을 위한 사회윤리적 측면에만 주목하고 있다. 이는 손봉호 교수의 윤리 지향점이 '기독교' 윤리가 아니라 '사회' 윤리임을 잘 보여준다.

(orthodox faith)을 가르치고 윤리학은 지도받는 믿음(directed faith)을 가르친다. 교의학적 근거를 상실한 윤리학은 카이퍼의 비유처럼 '나무의 뿌리는 병들어 가는데 나뭇가지만을 들고 주문을 외우려는 것'과 같다. 윤리학은 중요한 분과이지만 하나님의 계시는 인간의 행동에 대한 이야기를 넘어선다."[16] 우병훈 교수의 논리에 의하면 손봉호 교수는 '교의학의 근거를 상실한 윤리학'에 불과하다. 예수 그리스도에 대한 '믿음'을 의도적으로 삭제한 '윤리학' 혹은 '윤리의 이데올로기화'에 불과한 것이다. '도덕적 권위'의 '상실', 그것도 일부 교회나 성직자나 평신도들의 불법과 탐욕과 음행만으로, 한국교회 전체를 '망해야' 할 교회로 매도하는 태도는, 교리와 윤리 중에서 '윤리'만을 강조함으로써 '교리'에 의해 '지도받는 믿음'을 상실한 '윤리'가 된다는 의미에서 율법적이다. 그리고 도덕적 권위의 상실을 전면적으로 비판하고 정죄함으로써 얻게 되는 의는 바리새적 의가 된다.

그러니까 손봉호 교수의 의는 율법의 의다. 한국교회가 몇 교회만 문제를 일으켜도, 아니 한 교회만 문제를 일으켜도, 한국교회 전체는 즉각적으로 죽어야 된다. 손 교수는 율법이자 모세다. 그는 심판하고 정죄한다. 그는 착하고 순진한 개신교인들에게 죄책감을 불러일으키는 한국교회의 포청천이다. 그러나 개신교의 의는 그런 율법의 의가 아니다. 십자가의 의가 아닌가. 그러니까 예수 그리스도 안에서만 얻을 수 있는 의가 아닌가. 예수 그리스도의 복음을 의도적으로 삭제한 '윤리'는 이데

---

16) 우병훈, 기독교 윤리학(복 있는 사람, 2019), 32면.

올로기에 불과하다.

손봉호 교수는 한국교회의 불법과 타락을 '악'으로 파악하고 있지만, 그가 획득하는 것은 바리새적 윤리 이데올로기일 뿐 '선'은 아니다. 그가 내세운 '선'은 하나님과의 관계에서 벗어난 '이데올로기'에 불과하다. 왜냐하면 성경적으로 보면 선은 하나님의 의지 이외에 다른 것이 아니기 때문이다. 남을 판단하지 말라고 한 성서의 말씀도 바로 이 사실에 비추어 이해해야 한다. 사람은 자기 형제를 판단할 수 없다. 왜냐하면 어떤 것이 선한지 알 수 없으며, 무엇이 선하다고 결정할 수 없기 때문이다.[17]

하나님만이 판단할 수 있다. 하나님만이 한국교회의 문제를 판단하고 심판하실 수 있다. 손 교수가 심판할 사안이 아니다. 오직 그분에게 있어서만 의지와 선이 하나이기 때문이다. 형제를 판단하려고 할 때마

---

17) 마태복음 7장1절–2절에 "1 비판을 받지 아니하려거든 비판하지 말라 2 너희가 비판하는 그 비판으로 너희가 비판을 받을 것이요 너희가 헤아리는 그 헤아림으로 너희가 헤아림을 받을 것이니라"라는 말씀이 나온다. 여기서 '비판하지 말라'에 나오는 '비판'의 헬라어 동사는 '크리노'다. 그런데 이 '크리노'를 '비판'으로 번역한 것은 개역개정 성경의 오역이라는 견해가 있다. 왜냐하면 헬라어 '크리노'는 '정죄하다, 심판하다, 판결을 내리다'라는 뜻이 강한 단어이기 때문이다. NIV 영어 성경에서도 이 구절을 'Do not judge'라고 번역했지 'Do not criticize'라고 번역하지 않았다. 표준새번역 성경에서도 '너희가 심판을 받지 않으려거든, 남을 심판하지 말라'고 번역했다. 이런 관점에서 필자는 '비판하지 말라'는 말씀을 객관적으로 평가하고 비판하지 말라는 뜻이 아니라, 재판관으로서의 하나님의 권위를 침해하면서 남을 정죄하고 판결하지 말라는 뜻으로 해석하는 입장을 지지한다. 그리고 이런 관점에서 필자는 손봉호 교수가 한국교회에 대해 보여주는 태도는 '비판'의 수준이 아니라 '심판'의 수준이라고 보고 있다. "개신교 역사상 가장 타락한 교회"라는 담론이나 "망해야 할"이라는 담론은 필자가 보기에 단순한 비판이 아니라 심판의 담론이다. 심판의 주권과 권위는 오직 하나님께만 있어야 한다.

다 그 사람은 또다시 선을 말하려고 하는 아담의 과오를 반복하는 것이다. 판단이라는 것은 스스로 선을 가진 자(그러나 그 선은 하나님에게서 떨어진 것이다)와 가지지 못한 자를 나누는 것이다.[18]

여기서 필자는 손 교수의 이데올로기는 손 교수 자신으로서는 '선'이겠으나, 필자가 보기에 '그 선은 하나님에게서 떨어진 것'이다. 손 교수가 불법과 타락의 윤리적 죄를 저지르는 일부 교회를 이데올로기적으로 정죄할 때 그 자신은 한국교회를 판단하고 정죄하고 심판하는 영적인 교만의 죄를 저지르고 있다.

손봉호 교수는 "많은 교회에서 은혜받고 구원받는 것만 강조하지 도덕적으로 살아야 한다는 것은 강조하지 않고 있다. 이제는 진짜 성경으로 돌아가야 한다. 논리적 모순이나 혼돈을 가져서는 안 된다. 윤리적인 사람이 반드시 개신교인은 아니다. 하지만 개신교인은 반드시 윤리적이어야만 한다."[19]고 주장한다. 여기서 '개신교인은 반드시 윤리적이어야만 한다'는 논리는 개신교를 윤리 이데올로기에 가두려는 전략으로 읽힌다. 그러나 개신교를 그런 윤리 이데올로기에 가두면 그건 이미 개신교가 아니다. '윤리'교이며 '율법'교이며, 바리새적 율법주의다. 윤리를 이데올로기화하고 복음을 해체하는 손 교수의 정치 논리를 계속해서 살펴보기로 하자.

---

18) 자크 엘룰 지음, 양명수 옮김, 원함과 행함(솔로몬, 2008), 19면, 17면 참조.

19) 시사저널(http://www.sisapress.com)

3-2

'윤리 이데올로기'의 정치논리 1
– '동성애는 대세다' 프레임의 의미

손 교수의 '윤리 이데올로기'의 내용은 무엇일까? 물론 단순히 추론이나 직관으로도 그 내용을 짐작할 수 있겠지만 이 글에서 필자는 분석적이자 통합적인 논리 전개 과정을 통해 이를 밝혀내고자 한다.

앞에서 소개된 바 있던 마태복음 23장 23절–24절 "23 화 있을진저 외식하는 서기관들과 바리새인들이여 너희가 박하와 회향과 근채의 십일조는 드리되 율법의 더 중한 바 정의와 긍휼과 믿음은 버렸도다 그러나 이것도 행하고 저것도 버리지 말아야 할지니라 24 맹인 된 인도자여 하루살이는 걸러 내고 낙타는 삼키는도다"라는 말씀은 사회윤리를 중시하는 손봉호 교수가 자주 인용하는 성경 구절이다.

이전 한국교회 축복주의 설교자들이 선호하는 성경 구절이 요한3서 2절 "사랑하는 자여 네 영혼이 잘됨 같이 네가 범사에 잘되고 강건하기를 내가 간구하노라"였듯이 손봉호 교수에게 마태복음 23장 23절–24절은 그의 '윤리 이데올로기'의 성경적 준거틀인 셈이다.

손봉호 교수는 마태복음 23장 24절 "맹인 된 인도자여 하루살이는 걸러내고 낙타는 삼키는도다"라는 구절을 23장 23절과 연계해서 자신이 조금 전에 사용했던 이분법 논리와는 전혀 다른 개념의 논리를 구사한다. 앞서 낙타/하루살이의 개념을 원인/결과 관계의 이분법 논리로 파악하여 윤리를 이데올로기화하고 복음을 해체하는 논리를 보여주었던 손 교수는 동성애 문제에 대해서는 이 낙타/하루살이 이분법 논리를 다시 중요한 것/사소한 것의 개념으로 바꾸어 사용한다.

손봉호 교수는 동성애는 '하루살이'고 정의는 '낙타'라고 말하고 있다.[20] 그는 계속 동성애의 사소함을 역설하고 있다. 그는 "동성애에 대한 미국 복음주의자들이나 한국 보수교인들의 전쟁은 별로 승산이 없다. 여성 안수와 같이 될 개연성이 크다. …어떤 분들에게는 펄펄 뛰면서 분노할 소리겠지만 동성애도 그렇게 될 것 같다."고 말한다. 여기서 '대세'는 '사소함'으로 순식간에 그 개념이 바뀐다. 그는 동성애가 '대세'라고 주장하면서 '승산이 없는' 전쟁이므로 이제 포기해야 할 '사소함'이라고 주장하고 있는 것이다.

그러나 기독교가 그런 사소한 것에 목맬 이유는 없다. 동성애 반대보다 훨씬 더 중요한 것들이 매우 많기 때문이다. 예수님은 바리새인들이 그렇게 중시했던 십일조를 하루살이에, 그들이 무시했던 정의와 긍휼은 낙타에 비유했다(마23:23-24). 둘 다 지킬 수 있으면 좋겠지만 하나를 택해야 한다면 당연히 낙타를 택해야 한다. 적어도 하루살이 지키느

---

20) 손봉호, 주변으로 밀려난 기독교(CUP, 2017), 160면.

라 낙타를 포기하는 어리석음을 범하지 말아야 하는 것이다.[21]

손봉호 교수는 여기서 '하루살이'와 '낙타'의 이분법을 교묘하게 이용해서 동성애를 '하루살이'로 치부하고 '정의와 긍휼'을 지켜야 한다는 논리를 전개하고 있다. 이제는 더 이상 동성애 문제에 집착하지 말고 포기하고 정의와 긍휼을 지키라고 주장한다. 동성애 문제에 집착하면 '낙타를 포기하는 어리석음을 범하는 것'이라는 논리다.

여기서 그는 현명하게도 그 자신이 동성애를 찬성한다는 발언을 하지는 않는다. 그럼에도 불구하고 동성애를 사소한 것으로 간주하는 그의 논리에서 우리는 그의 '윤리 이데올로기'에 들어가는 문을 열 수 있게 된다. 그는 동성애는 이미 대세이므로 반대하는 것 자체가 의미가 없다면서 다음과 같은 논리를 펴고 있다.

그러나 그런 반대에도 올바른 평가와 정확한 전략이 필요하다. 우선 낙타는 통과시키고 하루살이는 걸러내는 잘못을 범하지 말아야 한다. 성경은 동성애를 반대하지만 그보다 더 정죄하는 것은 거짓말과 우상숭배다. 그런데 지금 한국교회는 번연히 드러나는 거짓과 탐심(우상숭배, 골3:5)을 경계하고 비판하는 데는 상대적으로 미온적이다. 교회 돈을 횡령해서 유죄판결을 받은 목사가 설교를 계속해도, 대형교회의 목회세습이 일어나는데도, 논문과 설교의 표절이 발각되었는데도 별로 심각하게 생각하지 않는다. 그러면서도 동성애는 마치 기독교의 사활

---

21) 손봉호, 주변으로 밀려난 기독교(CUP, 2017), 161면.

이 걸린 것처럼 맹렬하게 비판하고 나선다. 한때 술, 담배를 하면 그리스도인이 아니라고 생각한 것처럼 지금은 동성애를 찬동하면 기독교의 적으로 취급하는 분위기가 조성되고 있다.[22]

그의 논지에 의하면 그가 동성애에 대해 보여주고 있는 관점은 다음과 같이 정리될 수 있다.

> 1) '동성애는 대세다'라는 명제는 곧 동성애는 '사소한 것'이라는 명제로 바뀐다. '대세'와 '사소한 것'은 다른 것인데 그는 교묘하게 이 두 개념을 연결시키고 있다.
> 2) 그래서 동성애는 '사소한 것'이 된다.
> 3) 동성애를 정죄하는 것은 거짓말과 우상숭배라는 논리 비약이 나타난다.
> 4) 동성애를 술, 담배의 문제 차원으로 그 의미를 약화시킨다.
> 5) 동성애는 윤리적인 문제가 아닌 것으로 간주한다.
> 6) 동성애를 반대하는 한국교회를 비정상적인 것으로 몰아간다.

왜 그는 이런 논리 전개를 보여주는 것일까?

필자는 손 교수가 여기서 딴청을 피우고 있다는 합리적 의심을 갖는다. 68혁명 이후 서유럽 신좌파가 '성정치, 성혁명'의 논리로 사회와 교회를 법제적으로 통제하려고 하는 미국과 영국, 캐나다 등의 상황을 모

---

22) 손봉호, 주변으로 밀려난 기독교(CUP, 2017), 140면.

를 리가 없는데도 불구하고, 그는 짐짓 동성애를 '사소한 것'으로 치부하고 있기 때문이다.[23] 어떻게 신좌파의 젠더 이데올로기, 동성애법, 차별금지법, 혐오표현금지법 등등의 공격으로부터 교회를 지키려는 노력이 '거짓말과 우상숭배'가 될 수 있는지, 그의 말은 매우 충격적이다.[24] 뒤집어 놓고 생각해보면 그것은 그만큼 그가 '윤리 이데올로기'에 사로잡혀 있으며, 그 소명에 충실하다는 방증이 아닐 수 없다.

그러니까 그의 '윤리 이데올로기'는 '성정치'와 '성혁명'을 통해 자본주의 체제를 무너뜨리고 교회를 해체시키려고 하는 서유럽의 신좌파의 이념에 친화적이다. 동성애가 '대세'이므로 반대하는 것 자체가 의미가 없다는 논리는, 그가 '성정치'와 '성혁명'의 반자본주의 반교회적 정치사회공학적 입장을 암묵적으로 동의하거나 지지하고 있다는 말과 다름없기 때문이다.

손봉호 교수는 동성애는 사소한 것으로 여기면서 예의 그의 '윤리 이데올로기'를 계속 강조한다. 그러면서 "둘 다 지킬 수 있으면 좋겠지만 하나를 택해야 한다면 당연히 낙타를 택해야 한다. 적어도 하루살이 지키느라 낙타를 포기하는 어리석음을 범하지 말아야 하는 것이다." 그러니까 당초 그는 둘 다 지킬 생각이 없는 것이다. 당연히 '낙타'를 택해

---

23) 손봉호, 주변으로 밀려난 기독교(CUP, 2017), 161면.

24) 동성애는 결코 '사소한 것'이 아니다. 동성애 옹호론의 관점에서 보자면 '하나의 사상 체계이자 일련의 제도인 기독교'는 고대 이후 지금까지 성억압에 아주 깊숙이 연루되어 있는 것으로 파악된다. 그래서 동성애 옹호론은 '하나의 사상 체계이자 일련의 제도인 기독교'를 혐오하고 파괴하고자 하는 것이다. 노라 칼린·클린 윌슨 지음, 이승민·이진화 옮김, 동성애 혐오의 원인과 해방의 전망:마르크스주의적 분석(책갈피, 2017), 34면 참조.

야 한다. 루이 알튀세르의 이데올로기 관점에 의하자면, 그는 동성애를 지지하는 '윤리 이데올로기'의 부름을 받고 그 이데올로기의 명령, 한국 교회를 파괴하는 사명을 부여받은 사람이다.[25] 그러니까 사실 '동성애 가 대세'라는 그의 논리는 동성애를 지지하는 그의 '윤리 이데올로기'가 만들어낸 프레임이다.

'동성애는 대세'라는 손 교수의 프레임은 사실판단이 아니라 가치판단 이다. 얼핏 듣기에는 사실판단인 것처럼 들린다. 아, 동성애는 대세야, 대세, 라고 세계적인 흐름에 대해 판단하고 있는 것처럼 보이지만 그렇 지 않다. 동성애를 '대세'라고 여겨지게 만드는 가치판단이며, 그래서 동 성애를 사소한 것으로 만들고, 동성애를 반대하는 한국교회를 비정상 적인 것으로 만들려는 프레임이다. 그는 동성애 문제에 인지적인 프레 임의 덫을 치고 있다.

'동성애는 대세'라는 손 교수의 프레임 효과는 절묘하다는 표현이 어

---

25) 동성애는 '하루살이'의 문제가 아니다. 68혁명 이후 서유럽의 신좌파들이 자본주의 시스 템과 교회를 총체적으로 공격하기 위한 '성정치, 성해방'의 수단으로 동성애 문제를 법제 적으로 다루고 있기 때문이다. 이를 모를 리가 없는 손 교수가 동성애는 이미 '대세'이므 로 '하루살이'에 불과한 것이라고 주장하는 것 자체가 프레임이 된다. 그가 동성애 지지 이데올로기에 호명을 받은 이데올로기스트임을 그는 '동성애는 대세'라는 프레임을 통해 스스로 드러내고 있다고 봐야 한다. 알튀세르는 말한다. "이데올로기 안에서 실제적 관 계는 변함없이 상상적 관계에 투사되어 있다. 상상적 관계는 현실을 그대로 묘사하기보 다는 (보수적이거나, 순응적이거나, 개혁적 혹은 혁명적인) 어떤 의미, 희망, 혹은 향수를 표현 한다." 루크 페레타 지음, 같은책, 150-151면. 여기서 '프레임'은 "선택과 배제를 통해 일정 한 패턴으로 재조직하는 프레이밍을 통해 특수한 의미를 부여하는 구성된 현실을 제공 하는" 인식의 틀이라는 의미를 갖는다. '프레임' 연구는 텍스트의 이데올로기적 편향성을 밝힌다는 점에서 중요한 의미를 갖게 된다. 김인영, 2008년 촛불시위와 프레임 전쟁(한국 학술정보, 2011), 11면, 14면, 15면 참조.

울릴 만큼 다채롭다. 첫 번째는 동성애 반대 논의를 차단하는 효과를 가져온다. 두 번째는 자신이 신좌파의 젠더 이데올로기를 지지하고 있음을[26], 즉 반(反) 자본주의, 반(反) 교회적 입장을 갖고 있음을 숨기고 뭉개는 효과를 가져온다. 세 번째는 '기독교 윤리'의 아이콘으로 알려져 있는 자신의 이미지를 손상시키지 않으면서 동성애를 반대하지 않아도 되는 효과를 가져온다. 네 번째는 한국교회의 중도좌파, 극좌파에게 동성애를 반대하는 한국교회를 공격할 수 있는 명분을 제공하는 효과를 가져온다. 이런 점에서 손 교수는 프레임의 기능과 역할이 무엇인지를 잘 알고 상황에 맞게 제작하여 활용할 줄 아는 지식인이며 전략가다.

---

26) "동성애자 억압에 맞서는 투쟁은 자본주의 사회를 철폐하고 자본주의가 왜곡한 성과 성역할을 바로잡는 투쟁"으로 파악된다. 노라 칼린·클린 윌슨 지음, 이승민·이진화 옮김, 동성애 혐오의 원인과 해방의 전망:마르크스주의적 분석(책갈피, 2017), 106면.

3-3

'윤리 이데올로기'의 정치논리 2
– '약자 중심의 윤리'와 증오의 르상티망

손봉호 교수는 시사저널과의 인터뷰에서 "앞으로 한국교회는 어떻게 바뀌어야 한다고 보는가?"라는 질문에 이렇게 대답하고 있다(번호는 필자가 논의의 편의를 위해 붙인 것이다).

①많은 교회에서 은혜받고 구원받는 것만 강조하지 도덕적으로 살아야 한다는 것은 강조하지 않고 있다. ②이제는 진짜 성경으로 돌아가야 한다. ③논리적 모순이나 혼돈을 가져서는 안 된다. ④윤리적인 사람이 반드시 개신교인은 아니다. ⑤하지만 개신교인은 반드시 윤리적이어야 한다. ⑥또 하나 많이들 착각하는 것이 '원수를 사랑하고 용서하라'라는 말씀이다. ⑦물론 나의 원수는 용서할 의무가 있다. ⑧그러나 내 이웃의 원수를 용서할 권한은 없다. ⑨오히려 분노해야 한다. ⑩나의 원수와 내 이웃의 원수를 엄격히 구별해야 한다.[27]

---

27) http://www.sisapress.com

위의 발언은 일단 ①~⑤와 ⑥~⑩의 두 주장으로 나누어진다. 먼저 ①~⑤를 보면 그는 '은혜'와 '구원'을 '도덕적 삶'과 분리해서 설명한다. 그는 한국교회가 '은혜'와 '구원'을 강조하고 '도덕적 삶'을 강조하지 않는다고 하는데, 실제로 한국교회가 전자만 강조하고 후자를 강조하지 않는 게 아니다. 신앙생활에서 '은혜'와 '구원'이 일상의 '도덕적 삶'과 분리될 수 없다. 진정한 은혜와 구원에 있는 신자는 예수 그리스도 안에서 '도덕적 삶'을 살게 된다. 그것이 종교개혁의 정신이다. 그게 갈라디아서 2장 20절에서 강조하듯이 '나는 죽고 예수로 사는 삶'이며 성령 안에서 사는 삶이다.

그런데 손 교수는 의도적으로 전자와 후자를 분리하고 있다. 사실 "많은 교회에서 은혜받고 구원받는 것만 강조하지 도덕적으로 살아야 한다는 것은 강조하지 않고 있다"는 발언 자체가 매우 폭력적이다. 무슨 근거로 그렇게 말할 수 있단 말인가.

다른 관점에서 보자면 손 교수는 의도적으로 '은혜'와 '구원', '도덕적으로 살아야 한다는' 윤리를 이분법적으로 분리하고 있다고 볼 수 있다. 그에게는 오직 윤리만이 중요하다. '은혜'와 '구원'처럼 예수 그리스도와의 인격적 관계와 관련되는 영적 차원의 문제에 대해 그는 전혀 관심이 없다. 그에게는 윤리가 '진짜 성경'일 뿐, '은혜'와 '구원'은 그가 말하는 '진짜 성경'에서는 근본적으로 삭제되어 있다.

어쨌든 그는 그렇게 전자와 후자를 분리시킨 후 '진짜 성경'으로 돌아가자면서 '개신교인은 반드시 윤리적이어야 한다'고 주장한다. 얼핏 지당한 말처럼 들리지만 이 발언은 율법주의적 사고를 그대로 드러내고 있다. 개신교인이 말씀을 붙들고 예수 그리스도 안에서 순종하는 삶을 살 때 '윤리적'인 삶을 살게 되는 것이지, 무조건 반드시 윤리적이어야 한다는 율법주의(그의 표현에 의하자면 '진짜 성경')에 사로잡혀 '윤리적'인 삶을 사는 게 아니기 때문이다.

그러니까 ①~⑤의 발언은 손 교수가 복음을 해체하고 윤리를 절대기준으로 이데올로기화하는 율법주의자임을 다시 한번 확인시켜준다. 그는 한국교회 앞에서 모세의 자리에 앉아 있는 율법주의자다.[28]

한편 ⑥~⑩의 내용을 살피면 손 교수는 '원수를 사랑하고 용서하라'는 말씀에 대해 '많이들 착각하는 것'에 대해 우려를 표명하고 있다. 그는 '물론 나의 원수는 용서할 의무가 있다'고 말하지만 곧장 '그러나 내 이웃의 원수는 용서할 권한은 없다'고 강변한다. 여기서 그는 두 가지 의미의 윤리 개념을 동일한 개념으로 '착각'하거나 아니면 의도적으로 양자 사이의 '논리적 모순'을 숨기고 있다. ⑦은 말씀에 순종하는 그러니까 교리와 조화를 이루는 '기독교' 윤리인 반면, ⑧은 그의 '이데올로기화된' 윤리다. 물론 그는 ⑦에 관심이 없다. 여기서 그가 강조하고자 하는 것은 ⑧이다.

다시 설명하면 ⑦은 한 인격 주체가 신의 명령에 따르는 기독교 윤리, 즉 '주체 중심의 윤리'[29]인 반면, ⑧은 손 교수가 중시하는 이데올로기화된 윤리, 즉 '약자 중심의 윤리'다.[30] ⑦은 '용서할 의무'라고 표현되

---

28) 〈마23:2〉 "서기관들과 바리새인들이 모세의 자리에 앉았으니…"

29) 손봉호, 약자 중심의 윤리(세창출판사, 2016), 108-109면 참조.

30) 손 교수는 "개인주의적이고 주체 중심의 윤리는 엄격한 의미에서 윤리라고 할 수 없다"고

어 있다. 즉 용서하는 주체가 전제되어 있다. 그러나 ⑧은 '용서할 권한은 없다'고 표현되어 있다. 즉 '약자 중심의 윤리'의[31] 이데올로기 명령에 복종해야만 하는 '책임윤리'이기 때문이다. 즉 정의를 실현하기 위해서는 '내 이웃의 원수', 즉 약자를 괴롭히는 현실에 대해 분노하는 동시에, 약자를 괴롭히는 강자와 싸워야 한다는 계급의식 혹은 계급투쟁논리가 ⑧의 문장에 전제되어 있다.[32] 여기서 ⑧과 ⑨가 연결되는 부분이 손 교수의 '약자 중심의 윤리'의 핵심 고리인 것처럼 보인다.[33] 이에 대해 손 교수는 이렇게 말하고 있다.

보고 있다. 손봉호, 앞의책, 110면. 대신 그는 "윤리의 주된 관심은 윤리적 주체가 얼마나 착한가, 얼마나 고상한가, 어떻게 하면 다른 사람에게 해가 되지 않고 다른 사람에게 고통을 가하지 않도록 행동할까에 집중되어야 한다"는 책임윤리, 즉 '타자 중심의 윤리'에서 더 나아가 '약자 중심의 윤리'를 강조한다. 손봉호, 앞의책, 125면, 133-194면.

31) 손봉호, 앞의책, 148면 참조. 그는 여기서 "정의가 억울함을 해소하거나 억울한 일이 생겨나지 않도록 하는 것이라면 정의는 약자를 위한 것이라고 해야 할 것이다"라고 주장한다.

32) '약자 보호 윤리'와 '약자 중심의 윤리'는 전혀 다르다. 어떤 사회구성체든지 구조적으로 약자는 존재한다. 그 약자를 보호해야 한다는 것은 성경 전체에 일관되게 흐르는 정신이다. 반면 '약자 중심의 윤리'는 곧 뒤에 구체적인 논의가 이어지겠지만 계급투쟁적이고 선동적인 사회혁명 논리로 직결된다.

33) 손 교수의 『약자 중심의 윤리』라는 저서의 내용은 '약자'를 자본주의 사회의 소외계급으로 파악하고 있다는 점에서 계급 의식의 문제를 다루고 있다―"지금 세계 대부분을 지배하고 있는 자본주의 제도는 약자들에게 우호적이 아님은 잘 알려져 있다. 민주주의와 복지제도를 도입한 나라들에서도 역시 가난한 사람들은 넉넉한 사람들보다 더 손해를 보고 있다. …즉 오늘날의 약자들은 약자가 당하는 고통 때문에 억울하고 거기다가 억울하다는 사실을 알기 때문에 더 큰 고통을 느끼는 것이다. 경제적으로나 정치적으로 불이익을 당하고 차별대우를 받을 뿐 아니라 세속화된 사회에서 다른 사람들의 인정을 받지 못하기 때문에 오늘날의 약자는 과거의 약자들보다 훨씬 더 불행한 것이다." 손봉호, 약자 중심의 윤리(세창출판사, 2016), 138-139면.

대부분의 사회는 이익과 고통의 배분에 있어서 공정하지 못하고 공평하지 못하다. 그들이 공헌한 것들의 총합보다 더 많은 이익을 보는 특권층이 있는가 하면 공헌한 것보다 적은 이익을 보거나 희생만 치러야 하는 개인들과 집단이 있다는 것이다. 이런 불공평은 어느 사회에도 있기 마련이다. 그러나 그것이 적으면 적을수록 정의로운 사회가 이룩될 것이고, 모든 사회는 불공평을 최소화할 의무가 있다. 모든 고통과 모든 이익을 공정하게 배분하는 것을 이상으로 삼아야 하는 것이 인간에게 주어진 직관적인 정의의 요구다. 그런데 그런 이상을 실현하는 힘은 논리적으로 말해서 두 가지다. 첫 번째는 구조의 덕을 보는 사람들의 윤리적인 양심(논의의 편의상 이 양심을 A로 부르기로 한다-필자 주)이며, 두 번째는 구조에 의하여 희생당하는 사람들의 정당한 권리요구(논의의 편의상 이것을 B로 부르기로 한다-필자 주)가 된다.[34]

손 교수에 의하면 구조를 통하여 부당하게 이익을 얻는 사람들이 책임을 회피할 수 있는 근거는 그런 구조가 자신들에 의하여 만들어지지 않았다는 사실이다. 물론 정의롭지 못한 구조를 만든 사람들이 동시에 그 수혜자일 경우가 없지 않으나 대부분의 경우 구조를 형성한 사람과 그 이익을 보는 사람들은 서로 다르다. 그러나 그럴 경우에라도 그들은 약자들의 고통의 대가로 쾌락을 누린다는 사실을 인식해야 할 것이고, 비록 구조를 형성한 책임은 없더라도 구조를 정의롭게 바꿀 책임은 져야 하는 것이다. 즉 잘못을 능동적으로 저지른(commission) 잘못은 없다

---

34) 손봉호, 고통받는 인간(서울대학교출판문화원, 2016), 144-145면.

하더라도 잘못을 고치지 않은(omission) 책임은 져야 하는 것이다.[35] 이 것이 앞에 첫 번째로 나온 강자의 윤리에 해당된다(A). 반면 손 교수에 의하면 마르크시즘은 두 번째 방법에 입각한 정의 추구 방식(B)이었으나, 그 또한 한계를 지니고 있다.

마르크스주의 추종자들이나 그에 동정적인 사람들은 두 번째 방법으로 정의의 이상을 실현해 보려 하였다. 즉 강자의 합리성이나 상상력에 호소하기보다는 약자들로 하여금 그들이 당하는 고통이 강자들이 부당하게 누리는 쾌락 때문이란 것을 인식시켜 그 불만을 사회변혁의 세력으로 키우고 강자들로 하여금 그들의 이익을 포기하도록 강요하는 것이다. 이것은 강자들에게 호소하는 것보다는 훨씬 더 현실적이고 따라서 효과적인 것같이 보인다. 인간이란 자기에게 손해가 되는 일을 스스로 택할 가능성은 그렇게 크지 않고 고치지 않으면 고친 것보다 더 큰 손해를 당하리라는 가능성이 커야 고칠 것이기 때문이다. 그러나 그들의 방법이 혁명처럼 극단적이고 그 이론이 근거가 약한 역사철학에 지나치게 의존하므로 특정한 사회에서만 성공할 수 있었고, 그 성공의 열매를 오래 즐기지도 못했다. (B)극단적인 고통을 분노로 바꾸는 것은 쉬우나 그 분노를 사회변혁의 세력으로 묶는 것은 그렇게 쉽지 않고 분노로 바꾸어 놓은 사회를 합리적으로 유지하는 것은 더더욱 어려웠다.[36]

---

35) 손봉호, 고통받는 인간(서울대학교출판문화원, 2016), 146면.
36) 손봉호, 고통받는 인간(서울대학교출판문화원, 2016), 146–147면.

따라서 손 교수의 '약자 중심의 윤리'의 정치학에서는 앞서 소개된 두 가지 자원(A와 B)을, 한 사회가 갖고 있는 모든 윤리적 자원을 다 동원하는 것이 중요하다. "다행하게도 모든 사회에는 다른 사람의 고통에 대해서 동정하고 부당한 고통을 가능하게 한 원인에 대해서 분노하는 양심 세력(A)이 있기 마련이다. 그들의 힘이 합쳐져서 고통당하는 약자들을 자극하면(이 경우를 논의의 편의상 C로 부른다-필자 주) 사회개혁과 사회부정의 억제를 위한 상당한 세력으로 형성될 수 있다."[37]

A는 분노하는 강자의 윤리적인 양심이며 B는 약자의 정당한 권리요 구다. 그러니까 '내 이웃의 원수를 용서할 권한은 없다'는 손 교수의 논리는 A와 B를 연관시켜서 생각할 때 이해가 가능해진다. 즉 A가 B를 위해 C를 해야 한다는 논리다. A의 '양심적인 윤리'가 '고통을 당하는 약자들을 자극'할 때 사회개혁과 부정부패의 억제가 가능해지고, 약자들의 고통이 최소화될 수 있다는 것이다. 여기서 '고통을 당하는 약자들을 자극'한다는, 즉 A가 B의 정치무의식을 자극하고 충동질해야 한다는 손 교수의 정치논리는 르상티망의 정치학으로 연결된다.

인간 본성의 비합리적 측면, 특히 격정(激情)의 구실을 중시한 F. W. 니체는 권력의지에 의해 촉발된 강자의 공격욕에 대한 약자의 격정을 복수감(르상티망; ressentiment-필자 주)이라고 말하였다. 그의 말을 빌리면, 그리스도교의 '사랑'도 사실은 증오감·복수감의 숨겨진 정신적 태도에 지나지 않으며, '원수를 사랑하라'는 것도 실천력이 부족하거나

---

37) 손봉호, 고통받는 인간(서울대학교출판문화원, 2016), 147면.

결여된 것을 상상(想像)의 복수로 갚는 인종(忍從)과 관용(寬容)의 모럴에 지나지 않는다.

이와 반대로 M. 셸러는 근대사회의 시민도덕이나 그 발전형태의 사회주의 사상이야말로 소수 지배자에 대한 대중의 르상티망의 결정(結晶)이라고 하여 윤리적 프롤레타리아의 의의를 강조하였다. 그 이후 이 개념은 사회심리학자들에게 받아들여져 사회주의를 심리주의적인 동기를 갖는 이론으로서 유행시켰다.[38]

손 교수가 추구하는 '윤리 이데올로기'의 정치논리는 결국 마르크시즘에 기반하는 르상티망의 세계다. 그 세계는 끊임없는 분노와 증오를 필요로 한다. 손 교수의 '윤리 이데올로기'는 그러니까 '기독교 윤리'와는 전혀 상관없는 반(反)기독교적 이데올로기다. 한(恨), 원한으로 번역될 수 있는 르상티망이라는 말은 현대 좌파에서 매우 중요한 의미를 갖는다.

어떤 의미에서 현대 좌파는 언제나 증오의 희생양을 필요로 한다. 진정성을 추구하는 과정에서 좌파는 영원한 적을 만들어내야 할 필요성을 느낀다. 현대 좌파의 체계는 파괴의 체계다. 현대 좌파는 가치의 환영(幻影)적인 성격을 알고 있다. 달리 말하면 좌파는 아무런 가치도 가지고 있지 않기 때문에 그 사상과 행동은 오직 파괴를 통해서만이 자신의 정체성을 보장받을 수 있다. 타인의 속임수를 폭로함으로써만 자신을 더 견고하게 구축할 수 있다. 더군다나 이 폭로는 결코 한 번 만에 끝

---

38) [네이버 지식백과] 르상티망 [ressentiment] (두산백과)

날 수 없다. 그 근간에 있는 도덕적 공백을 메우기 위해 폭로는 영구히 반복되어야 한다.[39]

푸코, 들뢰즈, 라캉 등 좌파 포스트 모더니스트들이 제시하는 '체계적 해답'의 핵심은 자본주의가 구축한 억압적 시스템에 대한 증오와 파괴다. 영국의 보수주의 연구자인 로저 스크루턴 교수는 현대 좌파가 갖는 권력 쟁취 및 유지의 동인을 '르상티망'으로 봤는데 이 역시 궤를 같이하는 것이다. 그의 책, 『우리를 속인 세기의 철학자들』에 따르면 현대의 좌파는 억압 구조를 깨기 위해 군중의 증오감을 부추기고, 권력 쟁취 후에도 증오의 책임을 전가할 대상을 설정해 끊임없이 이들을 제거하고 처벌하고 청산하려 한다.[40]

앞 두 인용의 내용을 참고로 할 때 "내 이웃의 원수를 용서할 권한은 없다. 오히려 분노해야 한다."는 손 교수의 명제는 르상티망의 정치학에 기반하고 있음을 확인할 수 있게 된다. 손 교수의 논리는 조던 피터슨의 설명에 의하자면 '공감(empathy)과 이데올로기를 섞어버리는' 사례가 된다. 약자의 고통을 덜어주고 해결해준다는 '공감'의 태도로 약자들에게 다가가면서 슬쩍 사회주의 혁명 이데올로기를 섞는 것이다. 어떤 사회든 주류 세력이 특권을 가지게 되고, 그런 사회 조직 속에서 대부분의 사람들이 성공할 수 있도록 해당 시스템을 세팅하고, 그리고 나서

---

39) 로저 스크루턴 지음, 강문구 옮김, 신좌파의 사상가들(한울아카데미, 2004), 38면.
40) 문화일보(2019.9.26.)

소수자 보호책을 만든다. 그런데 여기에 공감과 이데올로기를 섞어버리면, 즉 약자 보호가 아니라 약자 중심의 윤리가 되어버리면, 이것은 영구적인 계급투쟁이나 혁명이 된다. 다시 말해서 '약자 보호 윤리'는 '공감'의 윤리학이 될 수 있지만 '약자 중심의 윤리'는 '공감'에 이데올로기를 교묘하게 섞어 넣은 계급투쟁 논리가 되는 것이다.[41]

손 교수의 '약자 중심의 윤리'는 그가 평생 쌓아온 시민운동의 핵심 강령이다. "…시민운동도 혁명운동과 마찬가지로 사회정의를 위하여 기존의 잘못된 구조를 바꾸기 위한 것이나 그 추진방법은 기존의 법을 어기지 않고, 가능하다면 의도되지 않은 희생을 줄이는 점진적 개혁을 추구하고, 따라서 정의 이외에는 어떤 종류의 이념도 절대적인 것으로 받아들이지 않는다는 것이다. 물론 모든 상황에서 시민운동이 가능한 것은 아니다. 최소한의 기본적인 자유도 허락되지 않는 상황에서는 혁명이 유일한 선택일 수 있다. 그러나 언론, 집회 등 어느 정도의 기본적인 자유가 허락되어 있다면 성숙한 시민들에 의한 시민운동은 정의로운 사회로의 변혁을 위한 가장 현실적인 수단일 것이다."[42] 이처럼 그의 '약자 중심의 윤리'는 분노와 증오의 르상티망을 동력으로 하는 사회변혁 혹은 혁명의 준거틀이다.

---

41) 조던 피터슨·스티븐 프라이 vs. 마이클 에릭 다이슨·미셸 골드버그, 조은경 옮김, 임명묵 논평, 정치적 올바름에 대하여(프시케의 숲, 2019), 30면 참조.

42) 손봉호, 앞의책, 147면.

손 교수처럼 사회적 기득권을 가졌으면서도 좌파 성향에 젖어 있는 집단의 존재가 한국 사회만의 특성은 아니다. 서구에도 '리무진 진보(미국)', '샴페인 사회주의(영국)', '캐비어 좌파(프랑스)' 등이 있다. 이런 현상은 '지식인은 왜 대개 좌파인가?'라는 질문을 던지게 한다. 이와 관련 '보수의 정신'을 쓴 미국 러셀 커크 교수의 통찰을 떠올릴 필요가 있다. 그에 따르면 보수주의란 어떤 체계적 이론이 아닌, 사물을 대하는 태도나 관점이다. 그런데 지식 엘리트는 대개 정치를 지적으로 이해하려 하고, 이때 '체계적 해답'을 제공하는 것은 좌파이며, 따라서 지식인은 좌편향적 대안을 구하게 된다는 것이다.[43] 그리고 중요한 것은 좌파 지식인들이 제시하는 '체계적 해답'의 핵심은 자본주의가 구축한 억압적 시스템에 대한 증오와 파괴라는 사실이다.

증오감을 부추겨 권력을 획득하고 유지하는 것은 한국 좌파에게도 일상적인 정치투쟁의 수단이었다(효순·미선 사건 때의 반미감정 선동, 2007년 광우병 괴담 선동, 2010년 천안함 폭침 때 보수 정권의 자작극, 세월호 사건 이후엔 독신 여성 대통령의 7시간 밀회설). 캐나다의 심리사회학자 조던 피터슨 교수는 좌파의 증오 유발과 파괴 본능을 '카인의 본성'이라 불렀다. 동생 아벨을 죽인 성경 속 인물 카인이 갖는 원한·복수심·증오심 부추기기가 좌파의 군중 동원 수단이라는 사실을 지적한 것이다.[44]

---

43) 문화일보(2019. 9. 26.)

44) 문화일보(2019.9.26.)

손 교수에게 '정의'라는 단어는 '하나님의 말씀이 통치하는 상태'를 의미하지 않는다. 평등 가치를 추구하기 위한 사회공학적 이념을 구축하고 무산자 계급 투쟁과 부르주아 체계 붕괴를 목표로 하는 정치 논리를 지닌 이데올로기다.[45]

또한 손 교수에게 '긍휼'이라는 단어의 의미는 십자가에서 모든 것을 희생하신 하나님의 아들 예수 그리스도의 사랑을 본받아 다른 사람들을 긍휼히 여겨야 한다는 뜻이 아니다. 이 세계에서 고통받고 있는 약자를 위한 정치공학적 세계를 건설하기 위한 계급투쟁 의식이다. 공산주의는 열 개의 빵이 있을 때 열 사람에게 한 개씩의 빵을 준다고 약속하고 권력을 잡은 한 사람이 열 개의 빵을 다 뺏어서 자기가 움켜쥐고서 나머지 아홉의 생계는커녕 목숨까지도 마음대로 좌지우지할 수 있는 시스템이다. 북한을 보면 잘 알 수 있지 않은가. 달콤하게 좋은 말들로 속삭인다고 모두 다 그게 정의고 긍휼이 아니다. 기회의 평등이 아니라 결과의 평등을 현대 좌파는 주장한다. 결과의 평등? 좋은 말이다. 그런데 그 결과의 평등을 주도하는 주체는 누구인가. 그걸 주도하는 개인이나 세력이 독재적이고 전제적이 아니라는 보장은 어디에 있는가. 일단 그런 권력이 주어지고 난 후 그 결과의 평등이 모두 거지가 되는 평등이라고 한다면 그걸 누가 책임을 지고, 누가 수습을 할 수 있단 말인가.

---

45) '약자 중심의 윤리'는 결국 계급논리로 귀착되기 때문이다. "마르크스와 엥겔스에 따르면, 사람 사이의 관계를 이해하는 열쇠는 계급구조다." 그들에게 계급관계는 필연적으로 착취적이며, 지배계급과 예속계급 간 이익의 불일치를 내포한다. 나아가 계급 분열은 본래부터 갈등적이며 종종 적극적인 계급투쟁을 발생시킨다. 데이비드 헬드 지음, 박찬표 옮김, 민주주의의 모델들(휴머니타스, 2018), 194면.

손 교수의 행각이나 발언이 기독교가 윤리적이어야 한다는 주장을 담고 있기 때문에 손 교수가 무조건 선하고 정당한 것으로 생각하는 사람들이 있다. 그들 대부분은 착하고 선한 사람들이다. 물론 기독교는 윤리적이어야 한다. 그러나 개신교는 비판할 때도 예수 그리스도 안에 있어야 한다. 필자가 보기에 손 교수의 기독교 비판은 그냥 '비판'일 뿐이며, 더 나아가 '윤리'를 절대화한 이데올로기다. 내 원수는 사랑해야 하지만 내 이웃의 원수는 비판하고 증오해야 한다는 그의 명제는 자신의 급진 좌파의 사회변혁 이념을 교묘하게 성경 말씀에 근거하여 비튼 것이다. 이것은 이데올로기의 영역이지 성경적이 아니다. 성경의 교묘한 왜곡이다.

성경 교육을 받은 기독교인들은 마르크스-레닌주의의 행동에 있어서 지배적인 표현인 '목적은 수단을 정당화한다'라는 구호에 의해 전제된 윤리적 상대주의를 결코 받아들일 수 없다. 기독교인들은 선한 결과를 얻을 수 있는 가능성 때문에 악을 행하는 것은 무책임한 행위에 불과하다. 예를 들면 모든 사람의 형제애가 궁극적인 참된 목표가 되기 위하여 그에 대한 적대 계급을 증오하도록 가르치는 것은 허용하지 않는다. 마르크스-레닌주의는 무신론과 그로 인한 결과들로 인해서 기독교인들에게는 용납될 수 없는 하나의 사회주의의 형태인 것이다.[46]

---

46) O. Cullmann, 『Jesus and the Revolution』, trans. G. Putnam(New York:Harper & Row, 1970), 58–59면. 크라우스 보크무엘 지음, 이종윤 편역, 마르크스주의의 도전과 크리스챤의 응전(정음출판사, 1983), 139–140면에서 재인용.

필자가 보기에 손 교수의 '약자 중심의 윤리'는 윤리로 포장된 르상티 망의 정치학이다. 물론 이런 추상적 진보 가치가 한국 사회의 실질적 약자의 삶의 문제를 해결해주는 데는 무능하거나 무관심하다는 증거가 적지 않다. 문재인 좌파 정권이, 늘 약자 타령하며 약자를 돕는 것이 정의라고 부르짖고 있는 좌파 정권이, 지금 탈북민 문제에는 싸늘하다는 사실이다. 지금 이 땅의 약자 중의 하나는 탈북민이 아닌가. 탈북민 모자가 굶어죽는 사건이 일어나고, 탈북민들이 이 정권에 대해 소외감과 분노로 들끓고 있지만, 지금 문재인 좌파 정권은 이들 약자들에게 관심이 없다. 그리고 평소 '약자 중심'의 철학이나 사상을 내세우던 좌파 지식인들도 이런 현실에 대해 침묵하고 있다. 그렇다면 이들이 말하는 '약자'는 도대체 누굴까? 이런 관점에서 손 교수의 이데올로기화된 윤리, '약자 중심의 윤리' 또한 이와 동일한 맥락에서 매우 정파적이고 좌편향적이라고 말할 수밖에 없다.

손 교수는 '약자 중심의 윤리'를 통해서 명시적으로 사회주의 혁명과 관련된 담론을 드러내지는 않는다. '약자 중심의 윤리'라는 계급투쟁의 윤리적 철학적 준거틀만 제시하고 있을 뿐이다. 여기서 우리는 그가 프레임은 드러내고 이데올로기는 감추는 전략가라는 사실을 다시 한번 목격하게 된다.

4.

'이데올로기는
무의식이다'
-
이데올로기
소명자로서의
손봉호 교수

4-1

이데올로기스트로서의 두 얼굴
– 드러난 프레임과 감춰진 이데올로기

칼 마르크스는 이데올로기를 허위의식(false consciousness)이라고 정의했다. 그가 말하는 허위의식은 자본주의 사회의 속성을 가리킨다. 즉 자본주의적 사고는 세계에 대한 자신의 견해의 근저에 자리하고 있는 진짜 동기를 인식하지 못하고 가짜 동기를 상상하며, 사회현실을 왜곡하고 실제로는 해결될 수 없는 사회 문제에 상징적 해법을 제공하는 것으로 파악된다.

이런 관점에서 마르크스는 『공산당 선언』과 『정치경제학 비판』, 그리고 『자본론』 등의 저술을 통해 자본주의 이데올로기의 허위의식을 분석하는 동시에 자본주의의 필연적 붕괴를 주장하고, 유물론적 역사관에 입각한 프롤레타리아 계급 독재의 역사를 내세웠다. 그의 논리에 의하면 자본주의는 허위의식인 이데올로기를 생산하지만, 그 자본주의를 비판하는 자신의 입장은 '절대적 진리'가 된다.

마르크스 사후 200여 년이 지난 지금도 마르크스를 신봉하는 좌파들은 마르크스-레닌주의를 절대 진리로 인식하는 자부심이 대단하다.

소련이 붕괴하고 북한에서 수백만 명이(혹은 수십만 명) 굶어죽는 사태를 목격하고서도, 심지어는 베네수엘라가 사회주의를 채택한 후 급격하게 빈곤 국가로 전락한 상황을 목도하고서도 이 땅의 좌파들은 마르크스의 사상들을 '절대화'하는 사고에서 벗어나지 못하고 있다. 마르크스 사상에 대한 지나친 맹종이 합리적인 현실검증 능력과 판단을 불가능하게 만든다는 극히 희귀한 사례를 필자는 이 땅의 극좌파들에게서 목격한다.

그런데 칼 마르크스 사상의 절대성은 그의 추종자이기도 한 20세기 프랑스 마르크스주의자인 루이 알튀세르(1918~1990)에 의해 여지없이 붕괴된다. 구조주의와 라캉을 잇는 정신분석학으로 무장한 현대 마르크스주의자인 루이 알튀세르의 논리에 따르자면 어떠한 사회도 이데올로기 없이는 존재하지 못한다. 바꾸어 말하면, 자본주의 이데올로기를 '허위의식'이라고 비판한 칼 마르크스도 이데올로기를 벗어날 수 없다. "역사적 유물론은 심지어 공산주의 사회도 이데올로기 없이 존재할 수 있다고는 결코 상상할 수 없다."[47]

루이 알튀세르에 의하면 빈 공간, 혹은 알 수 없는 충동과 에너지 덩어리, 즉 인간이라는 원초적 개체를, 어떤 가치와 규범에 따라 움직이고, 무엇인가 되고 싶어 하며, 때로는 무엇을 보고 분개하고, 그것이 속해 있는 공동체의 삶의 모습에 대한 특정적인 이해를 하게 만드는 것, 바로 이것이 이데올로기다.

---

47) 루이 알튀세르, 서관모 옮김, 마르크스를 위하여(후마니타스, 2018), 405면.

'인간의 주체는 구성된다'는 명제는 칼 마르크스에 의하면, 인간은 자신의 삶을 사회적으로 생산하는 과정에서 자신의 의지와는 상관없이 독자적으로 존재하는 관계 속으로 들어가게 된다. 즉 인간은 태어나면서 노동을 통해 자신의 기본적인 욕구를 충족시키면서 삶을 살아가게 되는데, 그러니까 노동의 근본적 속성은 이미 형성되어 있는 상태로 인간을 기다리고 있는 셈이다. 예를 들어서 원시 시대의 노동, 봉건제의 노동, 자본주의의 노동 등이 그러하다. 노동은 시대의 물질적 생산력의 발달의 특정한 단계에 상응하는 생산관계이며, 이러한 생산관계의 총합이 사회의 경제적 구조를 구성하게 된다. 이러한 경제구조를 토대로 해서 법적, 정치적 상부구조가 생겨나고, 거기에 상응하는 특정한 사회의식이 발생하게 된다. 다시 말해서 물질적 삶의 양식이 사회적, 정치적, 인식적 삶의 과정을 규정한다. 바로 이것이 인간의 의식이 존재를 결정하는 것이 아니라 사회적 존재가 의식을 결정한다는 마르크스 유물론의 명제다.

그런데 루이 알튀세르에 의하면 마르크스의 유물론적 역사관은 그 '절대적 진리'로서의 가치를 상실하고 자본주의 이데올로기 비판이라는 프레임에 스스로 갇힐 수밖에 없는 태생적 한계를 갖는다. 왜냐하면 지배 이데올로기(자본주의)가 완벽하고 철저하게 기존의 사회적 질서와 의미 체계를 재생산하고 있는 가운데, 그것으로부터 자유로울 수 있다고 생각하는 것이 얼마나 위험한 것인지를 말하고 있는 루이 알튀세르의 관점에서 보면, 칼 마르크스는 자본주의의 이데올로기를 깨뜨리고 새로운 진리체계를 선언한 위대한 사상가가 아니라, 자본주의의 허위의식을 파괴하기 위해 또 다른 허위의식, 즉 역사적 유물론 이데올로기를 제작한 역사적 개인이다. 바꾸어 말하면 칼 마르크스는 불멸의 위대한 사상가가 아니라 자본주의 이데올로기에 대항하여 반립적으로 '주조'된 '주체'에 불과하다.

루이 알티세르가 '이데올로기는 무의식이다'라고 한 말은 이데올로기가 한 주체를 결정하는 요인이 하나가 아니라 중층적(重層的)이라는 뜻이다. 즉 마르크스 당시 산업혁명이나 프랑스 혁명과 같은 사회적 변혁의 사건들이나 지적 혁명적 분위기, 그 사건들을 야기한 영국, 프로이센, 프랑스의 사회 토대, 프랑스 혁명 전후의 역동적인 역사 전개, 산업혁명의 초기 단계가 보여주는 자본주의의 병폐, 노동자들의 비참한 현실, 그리고 마르크스의 개인적이고 학자적이며 혁명가적인 기질 등이 중층적으로 칼 마르크스라는 주체를 구성했다고 할 수 있다.

루이 알튀세르에 의하면 이데올로기는 개인을 주체로서 호명한다. 개인은 이데올로기에 의해 호명됨으로써, 즉 그 이름이 부여되고 불려짐으로써, 비로소 주체가 된다. 칼 마르크스가 당시 칼 마르크스로서 존재할 수 있었던 것, 사상가로서 혁명가로서의 정체성을 가지고, 그것에 의해 행동할 수 있었던 것은, 이데올로기가 그를 불러줌으로써, 가능하게 된 것이다.

칼 마르크스에게 시대의 요청에 부응하는 사상가, 혁명가로서의 이름을 부여해주고, 또한 그가 이름을 부여받음으로써 종속되는 이 이데올로기는, 소외된 노동자들에 대한 연민, 노동자들을 비참한 삶에서 건져주고자 하는 도덕 지향성, 자본주의 체계와 자본가들에 대한 혁명가적 분노와 저주, 혁명적인 실천의 열정 등으로 충전된 강력한 신념체계다.

다시 손봉호 교수에게 초점을 맞추면, 앞서 살펴보았듯이 그의 '윤리 이데올로기'는 '동성애는 대세'라는 프레임에 나타나듯이 신좌파의 반 (反)자본주의, 반(反)교회적 사회주의 혁명노선과, '약자 중심의 윤리'라 는 프롤레타리아 계급의식을 반영하고 있는 혁명 노선을 담보하고 있 었다. 그러니까 루이 알튀세르에 의하자면 손 교수는 사회주의 이데올 로기의 호명을 받고 그 이데올로기의 소명에 충실한 이데올로기스트다. 장로교 장로라는 직분을 갖고 있는 협동 설교자임에도 불구하고 손 교 수는 기독교 인격신에 의해 부름받고 소명받은 신자가 아니라 사회주의 혁명 이데올로기에 의해 주체로 호명된 존재다.[48]

이렇게 볼 때 손 교수의 한국교회에 대한 극언들, "한국교회는 개신 교 역사상 가장 타락한 교회다"는 발언, 그리고 "한국교회는 망해야 한 다"는 극언 등은 사회주의 혁명 이데올로기에 의해 부름을 받은 손 교 수가 한국교회를 죽이기 위해 설정한 전략적 프레임이다.[49] 한국교회를

---

48) "이데올로기는 개인을 주체로서 맞이하거나 호명한다." 루크 페레터 지음, 심세광 옮김, 루이 알튀세르의 이데올로기(앨피, 2014), 164면. 루이 알튀세르에 의하면 기독교는 '종교 이데올로기'다. 이 이데올로기 안에서 이데올로기의 주체인 기독교인들은 교회의 이데올 로기적 장치에 의해 불리거나 호명되는 것으로 파악되고 있다. 루크 페레터 지음, 심세광 옮김, 앞의책, 167–168면.

49) "사람의 지각과 생각은 항상 어떤 맥락, 어떤 관점 혹은 일련의 평가 기준이나 가정하에 서 일어난다. 그러한 맥락, 관점, 평가 기준, 가정을 프레임이라고 한다." 최인철, 프레임 (2판, 21세기북스, 2019), 27면. 손 교수의 프레임은 그의 '지각과 생각', 즉 윤리 이데올로기 가 갖고 있는 '관점, 평가 기준'이라고 보면 될 것이다. 조지 레이코프에 의하면 프레임은 "우리가 세상을 바라보는 방식을 결정하는 정신적 구조물이다. 프레임은 우리가 추구하

'타락'과 '멸망'이라는 인식의 덫에 가두기 위한 목적으로, 궁극적으로 해체하기 위한 목적으로, 손 교수는 그런 프레임을 한국교회에 덧씌운 것이다.

바꾸어 말하자면 손 교수의 프레임은 "프레임은 한마디로 '세상을 바라보는 마음의 창'이다. 어떤 문제를 바라보는 관점, 세상을 향한 마인드셋(mindset), 세상에 대한 은유, 사람들에 대한 고정관념 등이 모두 프레임의 범주에 포함되는 말이다. 프레임은 특정한 방향으로 세상을 보도록 이끄는 조력자의 역할을 하지만, 동시에 우리가 보는 세상을 제한하는 검열관의 역할도 한다."[50]는 맥락에서 이해할 수 있다.

이런 관점에서 볼 때 개신교인들에게는 교회에 대한 환멸감과 절망감을 심어주고 비개신교인들에게는 교회에 대한 혐오감을 심어주기 위한 인식론적 프레임 장치를, '윤리'라는 이름으로 심어주고 있는 손 교수는 반(反)교회론의 전도사다.[51]

그의 '프레임'과 이데올로기화된 윤리, 즉 사회주의 이데올로기는 밀접하게 상응한다. 후자는 전자를 낳고 전자는 후자를 강화시킨다.[52] 손

는 목적과 우리가 짜는 계획, 우리의 행동하는 방식, 우리가 행동하는 결과의 좋고 나쁨을 결정한다." 조지 레이코프, 나익주 감수 유나영 옮김, 코끼리는 생각하지 마(와이즈베리, 2019), 10면.

50) 최인철, 프레임(21세기북스, 2019), 23–24면.

51) "프레임은 우리가 지각하고 생각하는 과정을 선택적으로 제약하고, 궁극적으로는 지각과 생각의 결과를 결정한다." 다시 말해서 "프레임은 우리가 무엇을 〈보는지〉, 어떤 〈판단〉을 내리는지, 어떤 행동을 하는지, 그 모든 과정을 특정한 방향으로 유도하고, 결국 특정한 결과를 만들어낸다." 최인철, 앞의책, 27면.

52) "프레임은 우리가 지각하고 생각하는 과정을 선택적으로 제약하고, 궁극적으로는 지각과

교수에게 있어서 특이한 사실은 후자는 명시적으로 드러나지 않은 채 전자만 드러나고 있다는 점이다. 앞서 살펴보았듯이 '동성애는 대세다'라는 프레임과 '약자 중심의 윤리' 논리에는 그의 이데올로기가 직접적으로 커밍 아웃되지 않는다. 그리고 바로 이 점이 손 교수에 대한 인식과 평가가 혼란스럽고 모호하게 되는 원인을 제공한다. 프레임은 드러났지만 여전히 이데올로기는 숨겨져 있기 때문이다. 지금까지 손 교수에 대한 한국교회 안에서의 평가가 상극을 이루고 있는 이유가 바로 여기에 있다. 반(反)교회적임에도 불구하고 '기독교 윤리'의 아이콘으로 인식되고 있는 연유도 여기에 있다. 이제 그에 대한 평가의 혼란과 모호성은 종식되어야 한다.

생각의 결과를 결정한다." 다시 말해서 "프레임은 우리가 무엇을 〈보는지〉, 어떤 〈판단〉을 내리는지, 어떤 행동을 하는지, 그 모든 과정을 특정한 방향으로 유도하고, 결국 특정한 결과를 만들어낸다." 최인철, 앞의책, 27면.

4-2

이데올로기스트로서의 그의 교회론

'그리스도의 몸'이라는 제목으로 『주변으로 밀려난 기독교』에 실려 있는 손 교수의 글이 필자의 흥미를 끌었다. 이 글은 이런 내용으로 시작된다.

어느 교회 교역자의 도덕적 잘못을 지적하다 그 교회 권사 한 분으로부터 항의를 받은 적이 있다. '당신이 무슨 자격으로 남의 교회 일에 간섭하는가?'하고 물었다. 말이 되는 항의인 것 같다. 남의 집안일이나 남의 나라 내정에 간섭하는 것은 주제넘은 짓이다. 나는 그 사건 때문에 한국교회 전체가 욕을 먹고 나도 한 사람의 기독교인으로서 손해를 보기 때문에 잘못을 지적하는 것이라고 대답했다. 별로 설득을 당하는 것 같지 않았다.[53]

필자는 손 교수의 견해에 동의하는 마음으로 계속 읽어나갔다. 성경은 분명히 교회가 그리스도의 몸이라고 가르친다(엡1:22-23;4:12,16;롬12:3-5;고전12:12-26). 그리스도께서 몸으로 이 세상에 오셔서 사역하셨

---

53) 손봉호, 주변으로 밀려난 기독교(CUP, 2017), 107면.

고, 승천하신 후에는 교회를 통해 이 세상에서 사역하신다. 그러므로 교회는 예수님이 살아 계셨을 때 그 몸이 감당했던 기능과 역할을 감당해야 한다. 그런 관점은 천주교나 개신교 신학에서 견해차나 논란이 없다. 개신교나 천주교가 다 같이 고백하는 사도신경에 '거룩한 공교회'를 믿는다는 구절이 있는데 공교회란 바로 그리스도의 몸인 보편교회를 뜻한다."[54] 지당하신 지적이 아닌가. 계속해서 필자는 그의 글을 읽어나갔다. 다음 인용은 다소 길다는 느낌이 들겠지만 논의의 편의상 그대로 가기로 한다.

그리스도의 몸으로서의 교회는 참 그리스도인들의 모임으로 개 교회를 초월하는 영적 공동체다. 원칙적으로 모든 참 그리스도인들과 모든 지역의 개 교회는 모두 그 공교회의 지체들이다. 그러므로 그 권사는 나에게 '남의 교회'에 간섭한다고 주장할 수가 없다. 그 '교회' 교인들과 나는 다 같이 보편적인 교회의 구성원이기에 우리는 같은 교회의 교인들이다. 물론 개교회의 예배당은 어떻게 지어야 하고 찬양대는 어떤 찬송을 불러야 하는가 같은 것에 간섭하는 것은 지나친 일이지만, 성경이 교회와 성도에게 분명하고 확실하게 요구하는 도덕성에 관해서 관심을 가지고 잘못을 바로잡으려 노력하는 것은 당연하다. 그러므로 그 권사가 내가 '비판'하는 것에 대해서는 시비를 걸 수 있으나 '남의 교회' 일에 간섭한다고 항의하는 것은 잘못이다.

그 권사가 그런 항의를 한 것은 한국교회가 교회에 대한 성경의 가르

---

54) 손봉호, 주변으로 밀려난 기독교(CUP, 2017), 107면.

침에서 너무 멀리 벗어나 있기 때문이다. '그리스도의 몸'으로서의 보편교회에 대해서는 제대로 알지 못하고 존중하지도 않는다. '주님의 몸 된 교회'란 말이 거의 입버릇처럼 되어 있지만, 거의 예외 없이 자신들이 속한 개 교회를 그렇게 이해한다. 물론 개교회가 보편적인 교회의 본분에 충실하고 그리스도의 사역을 성경적으로 잘 감당하면 '그리스도의 몸'이라 할 수 없는 것은 아니다.

그러나 나의 비판을 '남의 교회 간섭'이라 할 정도로 개교회 하나하나를 그리스도의 몸 혹은 사도신경이 말하는 '거룩한 공교회'로 이해하는 것은 옳지 않다. 교회의 머리이신 그리스도가 한 분인 것처럼 거룩한 공교회는 하나뿐이다. "몸은 하나인데 많은 지체가 있고 몸의 지체가 많으나 한 몸임과 같이 그리스도도 그러하니라"(고전12:12). "몸이 하나요 성령이 한 분이시니 이와 같이 너희가 부르심의 한 소망 안에서 부르심을 받았느니라"(엡4:4)

성경이 교회를 그리스도의 몸이라 할 때 특히 강조하는 것은 교회의 연합이다. 그 연합은 모래알이 모여 무더기가 된 것 같은 기계적(mechanic)인 집합이 아니라 동물의 몸이나 건물처럼 유기적(organic)인 조직이다. ···[55])

필자는 여기까지 손 교수의 글을 읽어나가다가 문득 그가 한국교회에 던졌던 프레임을 떠올렸다. 손 교수가 한국교회에 향해 내뱉었던 극언들, "한국교회는 개신교 역사상 가장 타락한 교회다"는 발언, 그리고

---

55) 손봉호, 주변으로 밀려난 기독교(CUP, 2017), 108-109면.

"한국교회는 망해야 한다"고 한 발언을 떠올렸다. 그가 그런 프레임으로 덮어씌운 '한국교회'는 손 교수가 위에서 말한 '보편교회'다. 그러니까 그는 '주님의 몸된' '보편교회'인 한국교회를 향해, 이런 발언들을 한 것이다. "그 권사가 그런 항의를 한 것은 한국교회가 교회에 대한 성경의 가르침에서 너무 멀리 벗어나 있기 때문이다. '그리스도의 몸'으로서의 보편교회에 대해서는 제대로 알지 못하고 존중하지도 않는다."는 손 교수의 발언을 그 자신에게 되돌리자면, 손 교수는 "'그리스도의 몸'으로서의 '보편교회'에 대해" 전혀 '존중'하지 않고 있는 셈이 된다. 손 교수가 무슨 자격으로 그리고 어떤 동기로 '주님의 몸된 교회'인 '한국교회'에 대해 그런 저주와 정죄의 프레임을 걸었는지 필자는 되묻고 싶다.

그 프레임들은 어디에서 온 것인가. 성령의 감동인가 이데올로기의 호명인가. 한국교회에 대해 그런 저주와 정죄의 프레임을 걸 때 손 교수는 그 '주님'께 그분의 뜻을 물었는가, 아니면 윤리 이데올로기의 부름을 받고서, 바리새적으로 한국교회를 비판하고 정죄하면서, '주님의 몸된 교회'인 한국교회에다, '개신교 역사상 가장 타락한'이라는 개신교 역사상 가장 신랄한 저주의 프레임을 뒤집어씌운 것이 아닌가. '완전히 망해야' 한다는 저주를 덧씌운 것 아닌가. 이 프레임의 궁극적인 목적은 한국교회의 해체가 아닌가. 사람들에게 한국교회에 대해 타락과 멸망의 인식을 심어주기 위해 의도적이고도 전략적으로 그는 이런 프레임을 한국교회에 선사한 것이다. "프레임은 슬로건이 아니라 생각이다. 프레임 재구성은 우리와 생각이 비슷한 이들이 이미 무의식적으로 믿고 있는 것에 접근하여 이를 의식의 수준으로 끌어올리고, 그것이 일반 대중의 담론 속으로 들어올 때까지 반복하는 일에 가깝다. 이 일은 하루 아침에 일어나지 않는다. 이것은 부단한 과정이며, 반복과 집중과 헌신 이 필요한 일이다."[56]

한국교회를 향한 프레임 구성 작업들을 통해 손 교수는 자신의 이데 올로기의 부름에 철저히 그리고 반복적으로 '집중'하고 '헌신'한다. 단적 인 예는 시사저널 인터뷰에서 한기총을 해체해야 한다고 주장하던 중 "일부 목사들로 인해 교회가 사회의 조롱거리가 되기도 하는데…"라고 말꼬리는 흐리는 기자의 유도 질문에 부응하여 그는 "신학 교육을 제대 로 받지 못한 자격 없는 목사들로 인해 하급 종교가 되었다. 교양 수준 이 형편없는 목사가 많기 때문"이라고 서슴없이 발언한다. 질문하는 기 자가 '일부 목사들로 인해'라고 전제했음에도 불구하고 정작 그는 한술 더 떠서 개신교를 전체적으로 '하급 종교'로 폄하하고 있다.

특히 기자가 "제도적인 장치를 마련하면 자정할 수 있는 것 아닌가?" 라는 질문하자 그는 이렇게 대답하고 있다.

제도를 제대로 지키지 않는다. 자정을 기대하기는 어렵다. 평신도들 이 들고일어나야 한다. 교회가 완전히 몰락하지 않는 상황으로 가지 않 기 위해서는 교회를 사랑하는 이들이 힘을 합쳐서 목사들에게 압력을 넣어야 한다. 교인들이 대개 한탄만 하지 실제 행동으로 잘 나서지 않 는데, 그렇다고 해서 서로 쳐다보고만 있어서는 안 된다.

---

56) 조지 레이코프, 나익주 감수 유나영 옮김, 코끼리는 생각하지 마(와이즈베리, 2019), 12-14면.

여기서 손봉호 교수는 모세의 자리에 앉아 윤리의 율법을 어긴 한국교회를 정죄하고 죽이는 발언들을 지속하던 중, 급기야는 '평신도들이 들고일어나야 한다'는 새로운(?) 교회론을 제시하고 있다. 그에게는 예수 그리스도가 머리가 되시고 성령 하나님의 인도하심을 받는 교회에 대한 개념이 전혀 없다. 그에게 교회는 윤리 공동체에 불과하며 교회 공동체에 문제가 있을 때 '들고일어나서' '실제 행동'으로 나서서 투쟁하는 인본주의의 공간에 지나지 않는다. 이러한 손 교수의 모습은 그가 1986년에 초판 출판한 『나는 누구인가(샘터)』라는 저서의 제4장 '현대인에게도 교회가 필요한가'에 나오는 자신의 발언과 정면으로 배치된다.

교회는 구성원의 자발적인 입교와 참여로 이룩되고 운영되지만, 그 구성원에 의하여 시작된 것도 아니고 구성원이 원하는 대로 운영되지도 않는다. 교회는 다만 어떤 주어진 규칙 안에서 민주주의적으로 운영될 수 있으나 그 규칙 자체는 민주주의 국가에 있어서 헌법처럼 구성원에 의해서 제정되거나 개정될 수 없다. 그 규칙은 기독교 신앙의 대헌장인 성경의 가르침에 의하여 만들어진 것이다. 말하자면 밑에서 민주주의식으로 위로 올라가는 것이 아니라 전제주의식으로 하나님으로부터 밑으로 명령되는 것이다. 그 명령에 순종할 용의가 있는 사람만 교회의 교인이 될 수 있는 것이다.[57]

아무리 손 교수가 한국교회 일부의 불법과 음행의 타락상에 절망하

57) 손봉호, 나는 누구인가(샘터, 1993년 1판 24쇄), 132-133면.

고 있다고 하더라도 그는 "교회는 다만 어떤 주어진 규칙 안에서 민주주의적으로 운영될 수 있으나 그 규칙 자체는 민주주의 국가에 있어서 헌법처럼 구성원에 의해서 제정되거나 개정될 수 없다. 그 규칙은 기독교 신앙의 대헌장인 성경의 가르침에 의하여 만들어진 것이다. 말하자면 밑에서 민주주의식으로 위로 올라가는 것이 아니라 전제주의식으로 하나님으로부터 밑으로 명령되는 것이다. 그 명령에 순종할 용의가 있는 사람만 교회의 교인이 될 수 있는 것이다."라고 한 자신의 발언, 원론적인 교회론을 포기하거나 무효화해서는 안 되는 것이 아닌가. 1980년대에 이런 교회론을 가졌던 손 교수는, 일정 시간이 지난 후 어느 시점인가부터 이데올로기화된 윤리에 의한 프레임을 그의 사고에 장착하게 된 것으로 보인다. 그리하여 '평신도들이 들고일어나야 한다'는 발언에까지 이른 것이다. 이는 그가 교리를 이데올로기에 복종시키는 이데올로기스트로 변모되었기 때문이다. 다음 발언은 이 점을 좀더 명확하게 해주고 있다.

오늘날, 불행하게도 너무나 많은 교회가 세속을 초월하기는커녕 세속적인 가치에 지나치게 감염되어 안타깝다. 어떤 교회는 물질주의의 노예가 되어 있고, 또 어떤 교회는 세속적 이데올로기의 노예가 되어 있다. 땅 위의 가치들이 그 자체로 아무리 고상하더라도 그것이 교회의 가치로 그대로 사용될 수는 없다. 교회의 가치는 세속적인 것을 초월하는 것이 아니면 안 된다.[58]

58) 손봉호, 나는 누구인가(샘터, 1993년 1판 24쇄), 139면.

위의 인용을 조금 패러디해보면, 손 교수는 '물질주의의 노예'가 되어 있는 일부 교회들에 분노한 나머지 스스로 '세속적 이데올로기의 노예'가 되었다고 볼 수 있다. 아래의 인용에 의하면 손 교수는 1980년대까지는 '복음'을 인정하고 수용했던 것으로 보인다. 그러나 이후 일정 시점에서부터, 그는 그 자신이 '근본적인 오류를 범하고 있다'고 비판했던 '사회복음' 혹은 '정치신학'으로 건너간 것은 분명한 사실이라고 봐야 한다.

교회가 전하는 복음은 이 세상에서 들을 수 있는 것일 수는 없다. 그것은 거룩한 것이 아니면 안 되고, 이 세상이 이미 가지고 있는 것이거나 가질 수 있는 것이어서는 복음의 가치가 없다. 복음이 목적하는 바는 물론 궁극적으로 모든 사람들이 참다운 인간이 되는 것이요 모든 잘못된 힘으로부터의 해방이지만, 그것이 제시하는 참다운 인간의 모습이나 그것이 제거하려고 하는 거짓 힘은 모든 사람들이 이미 알고 있는 것이어서는 별 가치가 없다. 그 정도의 것이라면 교회가 따로 있을 필요가 없고, 교회가 거룩할 필요가 없다. 오늘날 많은 교회가 제시하고 있는 사회복음이나 정치신학이 제시하는 교회의 역할은 이런 근본적인 오류를 범하고 있다. 교회의 존재 의의를 약화시키는 신학이다.[59]

일반적으로 손봉호 교수를 이 땅에서 '기독교' 윤리를 세운 사람으로 알고 있는데, 필자의 이해로는 그와 정반대가 된다. 기독교 윤리의 사전적 정의를 먼저 살펴보자.

---

59) 손봉호, 나는 누구인가(샘터, 1993년 1판24쇄), 139-140면.

인간행위의 반성으로서의 기독교윤리는 하느님의 은혜에 대한 응답으로서의 바른 행위, 즉 행위의 근거와 목적, 동기의 규범, 수단과 결과 등을 문제 삼는다. 그러므로 기독교윤리는 그리스도인으로서 어떤 행위가 바르고 어떻게 행동해야 하는가를 판단할 수 있도록 규범을 제시해주어야 한다. 구약성서의 경우 윤리생활을 규정한 것이 십계명이었으며, 신약성서는 하느님 사랑과 이웃 사랑을 기독교윤리의 대강령으로 제시하고 있다. 한편 기독교윤리는 특이하게도 교회를 기본영역으로 추가한다. 이는 교회라는 체계가 특수하게 형성되고 있기 때문이다. 교회는 단순히 사람들이 모이는 하나의 집단이거나 체계로만 보기 어렵다. 왜냐하면 교회의 중심은 사람이 아니라 하느님이며 하느님을 믿는 사람들이 모여서 새로운 공동체를 형성하고 있기 때문이다.[60]

기독교 윤리에서 말하는 교회의 의미를 생각해본다면, 그의 교회론은 매우 위험하다. 일부 성직자들이나 평신도들의 타락상을 빌미로 삼아 프레임 공격으로 한국교회를 해체하려는 의도를 그가 분명히 보여주고 있기 때문이다. 그는 교회를 성령의 인도하심을 받는 거룩한 공동체로 보지 않는다. 비판하고 투쟁해서 뒤집어 엎어버릴 수 있는 투쟁의 대상으로 여긴다. 이 자리를 빌어 필자는 고신교단에 속한 목사의 한 사람으로서 이런 교회론을 주장하는 그를 석좌교수로 모시고 있는 고신교단을 향해 교단이 갖고 있는 교회론적인 정체성이 무엇인지에 대해

---

60) 출처-두산백과 http://www.doopedia.co.kr [네이버 지식백과] 기독교윤리(Christian ethics, 基督敎倫理)

질문을 던지고 싶다.

한국교회는 손봉호 교수가 모세의 자리에서 한국교회를 책망하고 비난하고 저주하는 발언에 대해 더 이상 무대응으로 일관해서는 안 된다. 모세 앞에서 죄책감을 느끼면서 침묵하는 것은 죽는 것이다. 빨리 모세를 벗어나 십자가로 달려가야 한다. 예수 그리스도의 십자가로 가서 회개하고 순종의 삶을 살아내면서 율법적 저주를 떨쳐내야 한다. 착하고 순진한 많은 사람들이 손 교수의 발언 앞에서 양심의 가책을 느끼고 탄식하는 것이 무조건 잘못되었다는 것이 아니다. 예수 그리스도를 바라봐야지 손 교수의 프레임을 바라보면서 그 프레임의 덫에 사로잡혀 있어서는 안 된다는 말이다. 한국교회는 망해야 한다는 율법적 저주를 들으면서 마냥 자책만 하는 것은 착하고 순진한 것이 아니라 어리석은 짓이다. 더 이상 손봉호 교수를 한국교회의 윤리교사로 보고 그에게 사로잡혀서는 안 된다. 예수 그리스도 십자가 앞으로 달려가 매 순간 그분의 말씀으로 자신을 깨뜨리고 예수님이 말씀하신 사랑과 긍휼과 믿음의 삶을 살아내는 가운데 자신의 신앙과 교회를 회복해나가야 한다.

4-3

'윤리 이데올로기'의 정치논리 3
– 성서한국의 이데올로기 지향점

손봉호 교수가 주축이 되어 있는 성서한국에 속한 단체들이 한국교회를 바라보는 시각은 손 교수와 비슷한 프레임으로 정조준되어 있다. 손 교수의 한국교회 저주 프레임이 그가 주도하고 있는 성서한국에 소속된 단체들에 의해 철저히 '교리화' 되어 있는 것이다. 성서한국 조직체계 속에서 '교회/사회개혁' 부문에 속해 있는 교회개혁실천연대의 '창립선언문'에서도 손 교수의 프레임은 거의 동어반복적으로 나타난다.

한국교회는 자생의 전망마저 암울할 정도로 물량주의적, 기복적, 이원론적 신앙에 깊이 빠져 있으며, 그럼에도 불구하고 교회개혁을 위한 노력은 찾아보기가 힘들다.

우리는 기독교의 본질이 일상적으로 훼손되는 현실을 목도하면서, 한국교회의 현 상황이 면죄부로 구원의 은혜를 모독하던 중세의 상황과 크게 다르지 않다는 점을 새삼 확인한다. 교계정치가 금권에 의해 좌우되고, 무허가 신학교들이 무자격의 목회자를 양산하며, 대표적 신학교들이 신학적 독단과 편견에 의해 장악되고, 기성교회들이 비성경적, 비복음적 관행과 타성에 젖어온 지는 이미 오래되었다.

우리들이 <u>독단적 사제주의를 신성화하는 목회자의 설교에 귀먹고, 화려한 교회장식과 장엄한 의식에 눈먼 사이, 교회의 재정은 온갖 명목의 헌금과 금융 차입의 세속적 사술(邪術)로 변하고, 교회의 교제는 유유상종의 친목회로 전락해 갔으며, 교회의 구제는 연민과 사랑이 동반되지 않은 관례적 체면 세우기로 빠져들었다.</u>

…그러나 오늘날 한국 사회에 만연된 부패와 불의는 한국 크리스천들의 무책임을 단적으로 보여주고 있다. 빛과 소금의 역할을 하기는 고사하고 오히려 한국사회의 어둠과 부패를 지레 선도(先導)하는 범죄자들을 일상적으로 배출해 오면서, <u>세속의 기준조차도 만족시키지 못하는 참담한 윤리 부재의 상황을 재생산해왔다.</u> 오늘 우리는 이 땅의 개신교가 등록된 종교 가운데 가장 많은 신도를 확보하고, 사회지도층 인사의 절대다수가 기독교인이라는 통계에 접하지만, 오히려 그러한 사실을 자랑 아닌 낯뜨거운 현실로서 받아들여야 하는 민망한 상황에 처해 있다.
… (밑줄은 필자의 것)

위의 선언문을 분석해보면 교회개혁실천연대의 논리는 손 교수의 경우와 마찬가지로 교리와 윤리 중에서 철저히 윤리 쪽에 치중하고 있다. 밑줄로 표시된 부분들을 보면 한국교회는 총체적인 타락과 탐욕과 불법의 현장으로 정죄되는 프레임의 덫에서 벗어나지 못하고 있다.

성서한국 홈페이지에 들어가면 성서한국은 복음으로 민족과 사회를 새롭게 하기 위하여, 그리스도인들이 사회 각 영역에서 부르심에 합당한 삶을 살도록 돕고, 사회적 사명에 헌신할 다음 세대를 발굴, 동원, 훈련, 지원, 파송하는 하나님나라 운동으로 자신을 소개하고 있다. 그리고 성서한국의 성격은 사회선교운동(Social Mission Movement), 교육·지원운동(Education & Support Movement), 대중운동(Mass Movement), 연대운동(Network Movement)으로 설명되고 있다. 이런 소개를 읽고 나면 성서한국 사명선언서가 눈에 띤다.

-사명선언서-

현재 한국교회가 직면해 있는 현실은 복음이 더 이상 역동적으로 확산되지 못할 뿐만 아니라 그리스도인들이 삶의 각 영역에서 사회적 책임을 감당해 나가는 데에도 적극적인 영향력을 끼치지 못하는 상황이다. 개인의 구원과 사회적 책임이 상호 불가분의 관계에 있음을 생각할 때 이와 같은 상황은 한국기독교가 감당해 나가야 할 하나님 나라의 확장 사역에 있어서 새로운 패러다임을 모색하고 실천하도록 요청한다.

지역교회의 청년, 대학부와 캠퍼스 선교단체들의 역량이 커가고 있음에도 불구하고 정치, 경제, 사회, 문화, 교육, 언론 등 삶의 각 영역에 있어서 복음의 빛으로 조명되는 실효성 있는 대안그룹들의 활약은 아직도 미흡한 상태이다. 이는 캠퍼스 안에서의 훈련이 삶의 현장으로까지 이어지도록 돕는 교육의 실천력 결핍을 드러내는 것으로, 사회를 변화시켜 가야 할 그리스도인의 책무성을 강하게 인식하지 못한 결과이다. 한편으로 복음적인 사회변혁을 추구하는 많은 기독단체들이 1980년 후반을 기점으로 시민사회 운동체의 모습으로 태동되어 꾸준하게 그 활동영역을 넓혀 왔다. 이들의 운동들은 한국교회의 사회적 책임을 감당하는 일환으로 진행되어 왔는데, 다음 세대의 발굴과 훈련, 지원과 파송이라는 업무에 있어서는 각 운동체 상호 간 혹은 지역교회나 캠퍼스 선교단체들과의 유기적 연대가 절실히 필요한 시점이다.

이에 우리는, 그리스도인들이 사회 각 영역에서 복음의 빛으로 제반 문제점들을 조명하며 적극적으로 대안을 마련해 나가는 책임 있는 주체로서 설 수 있도록 도울 뿐만 아니라, 지역교회들과 캠퍼스 선교단체들이 기독단체들과 상호작용함으로써 교육의 효과가 삶의 현장으로 이어지게 하는 통전적 연합운동을 제안한다.

이를 위해 우리는 사회선교대회 성격의 성서한국대회를 통해 교회와 선교단체, 기독단체들이 유기적으로 연합하며 소통할 수 있는 장을 마련하고 대회 이후의 프로그램을 통해 지속적인 연대의 틀을 다져 나가고자 한다. 우리는 사회적인 책임을 감당하는 다음 세대를 발굴, 훈련, 지원, 파송함으로써 민족과 사회를 새롭게 하는 하나님나라 운동을 펴 나갈 것을 주창하는 바이다. (2005년 작성)

사명선언서의 맨 앞자리를 차지하고 있는 내용을 읽어보면 "현재 한국교회가 직면해 있는 현실은 복음이 더 이상 역동적으로 확산되지 못할 뿐만 아니라 그리스도인들이 삶의 각 영역에서 사회적 책임을 감당해 나가는 데에도 적극적인 영향력을 끼치지 못하는 상황이다. 개인의 구원과 사회적 책임이 상호 불가분의 관계에 있음을 생각할 때 이와 같은 상황은 한국기독교가 감당해 나가야 할 하나님 나라의 확장 사역에 있어서 새로운 패러다임을 모색하고 실천하도록 요청한다."고 되어 있다.

하지만 '개인적 구원'과 '사회적 책임'의 상호불가분의 관계를 모색한다는 성서한국이 현실적으로 보여주고 있는 이데올로기 지향점의 한끝이 '종북(從北)'과 주체사상이라는 사실은 매우 유감스럽고도 충격적이다.

박성업씨가 강연 중에 성서한국을 주체사상을 옹호하는 종북이라고 발언한 내용을 놓고 성서한국이 박성업씨와 소송을 벌였는데, 1심은 박성업씨가 패소했으나 2심은 박성업씨가 일부 승소한 것으로 보도되었다. 박성업씨가 성서한국을 종북으로 부른 것이 허위사실이 아님을 인정하고 상당한 합리적 개연성이 있으며, 한국 기독교계에 성서한국이 주체사상을 옹호하고 종북 활동을 한다고 사실을 알리는 것이 사회적 유익이 있다는 판결을 대한민국 법원이 내린 것이다.[61]

그리고 사명선언서에서 읽었던 내용, "이에 우리는, 그리스도인들이 사회 각 영역에서 복음의 빛으로 제반 문제점들을 조명하며 적극적으로 대안을 마련해 나가는 책임 있는 주체로서 설 수 있도록 도울 뿐만 아니라, 지역교회들과 캠퍼스 선교단체들이 기독단체들과 상호작용함으로써 교육의 효과가 삶의 현장으로 이어지게 하는 통전적 연합운동을 제안한다."라는 방침과 관련된 사건으로서는 최철호 목사(밝은누리 대표)가 관련된 사건을 하나 들 수 있다. 최철호 목사가 고신교단의 학생신앙운동 SFC의 회원들을 공산주의 사상으로 의식화교육을 시도한 일로 인해 고신교단에 내홍이 일어나게 된 사건 개요를 크리스천 투데이에서 보도한 바 있다.

---

61) 이정훈, 교회 안의 공산주의 2탄:종북과 교회해체, 유튜브 강의를 참조할 것.

이런 몇 가지 사실과 정황들만으로도 성서한국은 종북, 주체사상 옹호, 통일, 평화, 반자본주의, 반미, 한미동맹 해체, 북한에 대한 무조건적인 지원, 한국교회 해체, 동성애 지지 등의 이데올로기 지향을 보여주고 있다고 할 수 있다. 이러한 성서한국의 이데올로기 지향점은 성서한국의 중심인물 중의 한 사람인 손봉호 교수 '윤리 이데올로기'의 외연적 확장으로 봐야 할 것이다.

조직을 보면 성서한국 안에는 다음과 같은 단체와 교회가 참여하고 있다.

1)교회/사회개혁 부문
공의정치포럼
교회개혁실천연대
기독교윤리실천운동
인권실천시민행동
주거권기독연대
평화누리
희년함께

2)통일평화 부문
개척자들
뉴코리아
평화한국
하나누리
한빛누리

3)청년학생 부문
국제대학선교협의회(CMI)
기독대학인회(ESF)
새벽이슬
학생신앙운동(SFC)
한국기독학생회(IVF)
한국누가회(CMF) 사회부

4)교육 및 학술 부문
기독연구원느헤미야
기독청년아카데미
빅퍼즐문화연구소
현대기독연구원

5)지역연합운동 부문

성서광주
성서대구
성서대전
성서한국부산연대

6)대안/공동체운동 부문

생명평화연대
얼굴있는거래
환경문화NGO 온삶

7)전문직업인 부문

교회2.0목회자운동
기독법률가회(CLF)
좋은교사운동

8)참여 교회

광교산울교회
나들목교회네트워크
두레교회
사랑누리교회
산울교회
새맘교회
서울영동교회
서향교회
언덕교회
예인교회
일산은혜교회
전주열린문교회
하.나.의.교회
함께여는교회
함께하는교회 예수마을
희망찬교회

　　손봉호 교수는 김명혁 목사, 박종화 목사, 이만열 장로, 이승장 목사, 홍정길 목사와 함께 성서한국 공동대표를 맡고 있다. 마지막으로 성서한국의 주요 참여단체 '기독교윤리실천운동(기윤실)'을 중심으로 본 성서한국의 이념적 성격을 살펴보면 다음과 같다.[62]

---

62) 이 내용은 2018년 4월 16일 장로회신학대학원 113기 이승찬씨가 페북에 올린 글을 참조했다. https://m.facebook.com/story.php?story_fbid=1857710294293341&id=100001631649579 [출처] 〈'성서한국'을 향한 고발장: 성서한국은 강도의 이웃인가? 강도 만난 자의 이웃인가?〉l작성자 GMW연합

성서한국의 참여단체 기독교윤리실천운동(기윤실)은 1987년 12월, 이만열을 비롯하여 손봉호, 김인수, 장기려, 원호택, 이장규, 강영안 등이 시작한 기독운동단체이다. 성서한국 내에서 가장 활발한 활동을 보이고 있으며 2018년 현재까지 이만열과 손봉호는 성서한국의 공동대표로서 성서한국의 운동 방향에 영향을 끼치고 있다. 기윤실은 교회개혁이라는 명분으로 여러 가지 주목할만한 활동들을 해왔다.

1) '국가보안법폐지국민연대(국보연)'에 참여해 국보법 폐지 활동 동참.

2) 천안함·연평도 사건 이후 북한의 위협에 대응한 '키 리졸브 훈련' 중단을 주장.

3) 기윤실은 이러한 활동 성향을 보이는 단체들이 으레 그렇듯 북한에 대한 조건 없는 지원을 주장한다.

첫 번째로 기윤실은 '국가보안법폐지 국민연대(국보연)' 참가단체로 국보법 폐지에 동참해왔다(https://goo.gl/388i5r). '국보연'은 이른바 종북 단체·종북 인물 등을 옹호하는 등 극렬한 주장을 펴온 단체이다. '국보연'이 홈페이지에 올려놓은 성명 중 일부는 이렇다.

"남북공동선언실천연대(실천연대)는 2000년 남북정상회담 이후 6.15 공동선언의 실천을 위해 만들어진 민간 통일운동 단체이다. 촛불항쟁에 앞장선 진보진영에 대한 이명박 정권의 정치보복이자, 공간기구와 국가보안법을 동원한 폭압정치 외에는 강부자를 비롯한 1% 특권층만을 위한 정책을 더 이상 펼치기 어려운 이명박 정권의 위기의식의 발로이다. (…) 시대착오적인 행태를 거듭 반복한다면 제2의 촛불이 심판에 나설 것임을 정부와 공안당국은 똑똑히 알아야 할 것이다(2008년 9월 29일)."

실천연대는 주한미군철수·국가보안법폐지·연방제통일 등 북한의 대남적화노선을 추종해 오다 이적단체로 판시된 단체다. 이 단체는 북한인권 문제 제기를 "인권을 빌미로 한 대북 음해공작"으로, 탈북자들은 "북한사회에 적응하지 못해 도망친 사람들"이며 "일부 탈북자들의 주장 외에는 '정치범수용소'의 존재 증거조차 없는 것이 현실(2010년 1월 22일 논평)" 등으로 비난해왔다.[63]

두 번째는 기윤실 역시 유사한 단체들과 마찬가지로 북한에 대한 굴종적 평화에 절대적 가치를 부여한다. 예컨대 천안함·연평도 사건 이후 북한의 위협에 대응한 '키 리졸브 훈련' 중단을 주장했다. 기윤실은 2012년 3월 1일 '남북화해와 한반도 평화를 염원하는 한국기독교 3.1 선언'에 참여, "남북 간 대화의 문은 닫힌 지 오래며, 벼랑 끝까지 가 있는 북핵문제는 언제 풀릴지 요원하다"며 "서해 충돌의 단초가 된 키 리졸브 한미합동훈련이 봄철로 예정되어 있어 작년 연평도 포격사태와 같은 불행한 참화가 있을까 심히 염려된다"고 밝혔다.

기윤실은 천안함·연평도 사건을 북한의 도발이 아닌 소위 '서해 충돌'로 정의한 뒤 한 걸음 더 나가 '서해 충돌의 단초가 된 키 리졸브 한미합동훈련'으로 표현, 마치 한미연합군사훈련이 평화를 파괴한 것인 양 주장했다.

---

63) 실천연대는 주한미군철수·국가보안법폐지·연방제통일 등 북한의 대남적화노선을 추종해 오다 이적단체로 판시된 단체다. 이 단체는 북한인권 문제 제기를 "인권을 빌미로 한 대북 음해공작"으로, 탈북자들은 "북한사회에 적응하지 못해 도망친 사람들"이며 "일부 탈북자들의 주장 외에는 '정치범수용소'의 존재 증거조차 없는 것이 현실(2010년 1월 22일 논평)" 등으로 비난해왔다.

성명은 이어 "한국 정부는 올해 더 큰 위기를 부를 키 리졸브 군사훈련 계획을 중단하고, 일촉즉발의 위기가 상존하는 서해의 공동협력방안 등 군사적 신뢰구축 방안을 구체적으로 마련하라"고 촉구했다.

세 번째는 기윤실은 이어 "남북화해협력사업들은 하나같이 좌초위기를 맞고 있다. 남북화해와 협력의 포석으로 주목되던 개성공단과 금강산관광사업은 정체되었거나 중단되었으며, 인도주의적인 차원에서 진행되던 남북이산가족상봉사업조차 중지되었다"며 "한국 정부는 어떠한 이유로든 쌀을 포함한 대북 인도적 지원을 멈추지 말고 즉각, 그리고 대량으로 재개하여 남북화해의 기틀을 마련해야 한다"고 주장했다. 요컨대 기윤실은 무조건–무작정–무차별적 대북 지원, 즉 북한 정권과 체제를 도와야 한다는 요지였다.

기윤실의 성명을 살펴보면, "대량살상무기 개발을 즉각 포기하라" "탈북자들에 대한 처벌을 중단하라"는 한마디 언급이 있을 뿐 골자는 무조건–무작정–무차별적 대북(對北)지원이다. 그리고 "양측 정부는 남북이산가족 상봉, 개성공단 활성화와 금강산관광 재개 등 남북교류협력사업에 전향적으로 나설 것"과 "대통령과 정부, 정치인과 정당들은 당리당략을 넘어 민족화해와 평화의 기틀을 마련할 큰 구상을 마련할 것"을 주장한다.

북한 공산주의 정권·주체사상 체제, 악(惡)에 대한 비판도, 한국을 상대로 한 천안함·연평도 도발에 대해 비판도 전무한 채 한국의 자위적 대응의 중단만 촉구한다. 북한주민을 해방하고 구원하는 것과 무관한 대북지원을 가련한 북한주민에 대한 사랑과 연민의 표현이라고 가장

한다. 이 모든 미혹을 "그리스도의 화해와 평화, 사랑 실천"이라고 결론 짓고 그렇지 않은 분별은 "동포에 대한 증오와 대결, 남북한 당국의 서로에 대한 몰이해와 자존심대결"로 몰아간다. 이 섬뜩한 성명을 발표한 개신교 단체는 기윤실과 성서한국을 비롯하여 아래와 같다.

- 개척자들(대표: 송강호)
- 공의정치포럼(대표: 이만열, 홍정길)
- 교회개혁실천연대(백종국, 오세택, 정은숙)
- 교회2.0목회자운동(실행위원장: 신형진)
- 기독교윤리실천운동(공동대표: 박은조, 백종국, 임성빈, 전재중)
- 기독청년아카데미(원장: 오세택)
- 담쟁이숲아카데미(대표: 김형일)
- 생명평화연대(대표: 최철호)
- 성서한국(공동대표: 김명혁, 박종화, 손봉호, 이동원, 이만열, 이승장, 홍정길)
- SFC사회변혁국, 평통기연(상임대표: 박종화, 손인웅, 이규학, 이영훈, 홍정길)
- 평화누리(공동대표: 고상환, 김애희)
- 하나누리(대표: 방인성)
- 희망정치시민연합(대표: 강경민, 백종국)
- 희년함께(공동대표: 김경호, 김영철, 방인성, 이대용, 이해학, 전강수, 허문영, 현재인)

4-4

한국교회 해체를 위한
'진지전'의 최전선, 손봉호 교수

필자는 손봉호 교수가 안토니오 그람시가 말한 '진지전'의 대가라는 합리적 의심을 갖고 있다. 진지전은 무엇인가? 이탈리아 공산당 창설자이자 사상가인 안토니오 그람시의 정치사상에 등장하는 개념이다. 진지전은 시민사회 내에서 장기적인 지적, 도덕적, 문화적 헤게모니를 장악하기 위한 투쟁전략이다. '기동전'은 진지전에 대응하는 용어로서, 러시아 혁명과 같은 일차원적인 국가권력을 획득하기 위한 탈권투쟁과 같은 투쟁전략을 통칭한다.

그람시는 서구 자유주의 국가들에선 기동전이 아닌 진지전이 필요하다고 한다. 기동전은 제정 러시아와 같이 낡고 약한 고리에서나 가능하기 때문이다. 부르주아 사상이 지배하는 곳에서 프롤레타리아는 이데올로기 전쟁을 수행하며 새로운 도덕과 이상, 가치관을 구축해 나가야 한다는 주장이다. 그람시는 혁명을 위해 지식인이 민중 속에서 지배자들과 겨룰 수 있는 대항 헤게모니를 얻어야 한다고 지적했다. 그러기 위

해서 참호 속에 숨어서 싸우듯 장기전을 펴는 혁명의 진지전이 필요하다고 역설했다.[64]

자본주의 사회질서는 부르주아 계급 지배의 복잡한 속성 때문에 지속되는 위기 속에서도 존속될 수 있다고 그람시는 주장했다. 자본주의 시스템에서 부르주아 계급이 권력을 행사하는 것은 단순히 이 계급이 생산수단을 장악하고 있기 때문만은 아니다. 부르주아 계급은 시민사회의 전 기구에서 영향력을 갖는 주요 직책들과 정부 관리들을 장악하여 전 시민사회와 국가를 통틀어 '헤게모니'를 구축하고 있기 때문에 권력을 행사하게 되는 것이다. 그람시는 종교, 교육, 커뮤니케이션, 사실상 기존 사회질서 내에 깊숙이 뿌리내리고 있는 모든 활동은 부르주아 계급의 통제하에 들어간다고 보았다.

그람시 정치사상의 설득력은 분명하다. 그 정치사상은 좌파 지식의 권력추구에 완벽한 정당성을 부여한다. 그람시에 의하면, 혁명은 우리를 휩쓸어버리는 불가항력의 힘이 아니라, 영웅적인 개인들에 의해 수행되는 행동인 것이다. 게다가 지식인은 혁명을 위해 일하기 위해서 프롤레타리아 속에 자신을 침잠시킬 필요가 없는 것이다. 그와는 반대로 지식인은 자신을 받아들이는 안락한 지위라면 그 어떤 것으로도 조용히 나아가서 '부르주아' 헤게모니의 결실을 향유하면서도 그것의 몰락을 위해 일할 수도 있는 것이다. 그러한 철학은 자신의 견해와 인내심이 대학 바깥에서 심각하게 도전받는 지식인들에게는 아주 유용하며 학생

---

64) [네이버 지식백과] 기동전/진지전 (시사상식사전, pmg 지식엔진연구소)

혁명의 자연스런 철학이기도 하다. …적은 분명히 밝혀지고 '투쟁'은 규정되며 영웅들과 더불어 투쟁하기 위해서는 단지 자신의 직위에 머물러 있으면 된다는 것을 보여주는 이론이 제공된다.[65]

손봉호 교수는 필자가 보기에 매우 치밀한 전략을 갖고 움직이는 사회활동가이자 진지전의 대가다. 그는 성서한국이라는 이름 아래 많은 단체들과 교회들과 명망가들을 한곳에 모을 수 있었다. 김홍기 목사도 유튜브에서 그렇게 지적했고, 앞서 필자도 지적한 바 있지만 손봉호 교수는 좌파, 그것도 급진 좌파의 이념의 소유자이면서도, 그는 그걸 교묘하고도 철저하게 감추어왔다. 그래야 '진지전'을 더욱더 용이하게 수행할 수 있기 때문이다. '보수 중의 보수'라는 고신대학교 석좌교수라는 자리만 해도 그러하다. 그 자리는 손 교수의 '진지전'에 유용하게 사용된 의미 있는 '진지'였다고 할 수 있다. 만약 그가 처음부터 자신이 급진좌파임을 커밍아웃했더라면 천하의 보수 교단이었던(필자가 여기서 과거시제를 사용하고 있음에 유의하시라. 현재 고신은 보수 교단이라고 보기 힘들다. 교단 소속 중고등부 대학부 학생신앙운동이 성서한국에 속해 있는 경우가 다른 교단들에 있는가?) 고신의 SFC가 성서한국에 들어가기가 결코 만만치 않았을 것이다.

이런 의미에서 손봉호 교수는 한국교회의 왼쪽 한 높은 언덕 위에 자리 잡고 우뚝 서 있는 트로이 목마다. 기독교윤리인 듯, 보수인 듯, 사회활동가인 듯, 학자인 듯, 근검절약하는 선비인 듯, 명망 있는 교수인

---

65) 로저 스크루턴 지음, 강문구 옮김, 신좌파의 사상가들(한울아카데미, 2004), 113면.

듯… 여러 가지 다양한 얼굴을 가진 그에게 많은 사람들과 교회들과 단체들이 교회개혁, 기독교윤리, 통일한국, 약자 중심의 윤리, 사회주의 혁명의 기치 아래 모인 것이다. 지금 그 트로이 목마에서는 급진 좌파 성향의 메시지들, 친북 종북 인사들의 메시지들이 마구 쏟아져 나오면서 한국교회와 한국사회를 공격하고 있다.

필자는 손봉호 교수가 한국사회를 사회윤리의 측면에서, 도덕적인 측면에서, 몇 단계 올려놓은 사회활동가라는 관점에서 그의 업적을 인정하고 경의를 표한다. 그러나 그의 진지전은 단연코 거부한다. 손 교수는 혁명가다. 사회주의 혁명가다. 혁명의 한 방식으로 그는 그가 속해 있는 한국교회를 해체시키고 전복시킴으로써 사회주의 혁명의 목표를 달성하는 하나의 밀알이 되기로 작정한 전략가이며 사회활동가이다.[66] 손봉호 교수 특유의 전략적 모호성으로 인해 그동안 한국교회 일부에서는 그런 그의 진면목을 알아차리지 못하고, 그를 '이 시대의 의인'으로 간주했거나 '시대적 양심'으로 추앙했거나 한국교회의 윤리 교사나 진보의 상징으로 추종해왔다는 합리적 의심을 필자는 갖고 있다.

손 교수가 한국교회를 본격적으로 공격한 시점도 흥미롭다. 2011년이면 성서한국이나 기윤실이 조직적 완성도를 높이고 우파 정권을 공격할 수 있는 기반을 갖춘 시점이었다. 자신이 구축해온 진지들, 그리고 인적 구성과 물적 기반이 견고함을 확신한 후 그는 전략적으로 한국교

---

66) 박수웅 목사는 손 교수를 '기독교 좌파의 수장'으로 보고 있다. '현시대에 대한 인식과 한국의 정세를 읽어라', 크리스천경남신문(2019. 10. 30.)

회에 융단 폭격을 가하기 시작한 것으로 볼 수 있다.[67]

성서한국이 참여 교회를 밝히고 있는 점도 매우 흥미로운 점이다. 그들이 한기총의 대안 세력이라는 암묵적 시위를 하고 있다는 느낌을 필자는 받고 있다. 그러니까 손 교수가 한국교회를 극단적 프레임으로 비판하고 저주한 것은 그냥 나온 발언이 아니라 매우 치밀하게 계산된 발언으로 사료된다. 그는 한국교회를 지속적으로 공격하고 해체해서 성서한국이 대안으로 자리잡게 되는 날, 혁명하는데 가장 큰 걸림돌이 되는 한국교회를 붕괴시키는 그 날을, 오랫동안 꿈꾸어 온 것으로 보인다. 이런 의미에서 그는, 치밀한 전략가이자 사회활동가이며, 그 귀추가 어떻게 되는가에 상관없이(필자는 그것이 실패로 귀결되기를 간절히 소망한다) '진지전'의 한 모범적인 사례로 역사가 기억하게 될 혁명 전사다.

---

67) 기윤실 홈페이지에 들어가보면 1987~1999년의 시기는 '조직과 운동의 확장'의 시기이며, 2000~2006년은 '건강한 시민사회 네트워크 형성'의 시기이며, 2007~2010년은 '신뢰가 주도하는 교회와 사회'의 시기이며, 2011~2016년은 '새로운 도전에 직면한 기윤실'의 시기로 설명되고 있다. 2011년은 이명박 대통령 집권 4년 차가 되는 시점이다.

5.

문화코드로서의
'손봉호 교수'
-
윤리 이데올로기와
프레임의 담론 기능

5-1

이찬수 목사 설교
〈하루살이는 걸러내고 낙타는 삼키고〉 담론 분석

이찬수 목사 설교 〈하루살이는 걸러내고 낙타는 삼키고〉의 담론 전 개 과정을 분석하면 다음과 같다. 설교의 일부를 주관적으로 선택하는 오류를 원천적으로 방지하기 위해 필자는 일단 설교 담론 전체 이야기 단위를 하나도 빠뜨림 없이 나열하기로 한다.

(1) '적군보다 무서운 아군의 오인 사격' 예화.

(2) 후배가 보내준 메일 내용:한국교회의 주적은 교회 밖에 있는 동 성애나 이슬람이나 북한 문제가 아니라 교회 안의 폭력성과 분열, 즉 '내부 총질'이다. 가나안 성도(예수는 믿지만 교회 안 나가는 성도)는 이슬람 동성애가 아니라 교회 안의 이기주의 탐욕과 분열, 갈등, 폭력적 태도 때문에 교회를 떠난 경우가 많다.

(3) 분당우리교회를 향한 이상한 열기, 과열현상에 대한 우려 표명.

①이찬수 목사는 동성애 잔치 퀴어축제에 반대하며 청소년 영향에 대해 우려하고 대책 수립에 만전을 기하고 있다.

②분당우리교회 부목사 한 사람이 수요설교 중 동성애에 대해 언급하면서 조금 흥분한 상태에서 원고에 없는 내용을 툭툭 던지다가 표현의 실수가 있었다. 그래서 본인이 몇 차례 공식적으로 사과했고, 자숙을 표명했다. 그리고 교회에 걸려오는 전화들마다 교회가 정중하게 사과했음에도 파장이 수그러들기는커녕 일파만파로 확산되고 있다.

③여기에 이정훈 교수가 '이찬수 목사, 신영복 교수를 존경합니다?'라는 글을 페이스북에 올린 사건이 일어났다. 이정훈 교수는 동성애는 이미 대세라는 부목사의 발언은 단순한 해프닝이 아니고 위험한 비성경적인 목회에서 비롯된 것일 수도 있겠다고 지적했다. 무슨 일인가 알아보니 수년 전에 에스라 선지자가 보여주었던 '함께'의 정신을 강조하는 의미에서, 신영복 교수의 〈더불어 숲〉, 〈여럿이 함께 숲으로 가는 길〉이라는 저서의 제목을 인용하면서, "이런 차원에서 성공회대 신영복 교수님을 이런 면에서 존경하는데요"라고 한마디 말한 적이 있었다. 그런데 이 일로 인해 좌파 목사, 좌파 교회는 회개해야 한다는 비난이 인터넷상에서 쏟아지고 있다.

④댓글 몇 가지 소개-'내부 총질'

⑤이찬수 목사의 고뇌-지난 정권 시절에는 '골통 보수'로 10년 동안 비난받다가, 정부가 바뀌는 순간, 이제는 '빨갱이'로 비난받는 소회를 슬픔으로 표현함. 기독교의 저질스러움, 무례함, 예의 없음

을 탄식하고 책망함. "슬픈 거에요. 저질스러운 거죠. 우리 기독교
가 말이에요. 분위기에 편승해서 이렇게…."라고 절망감을 표현함.
상상을 초월하는 무례함, 홈페이지에서 보이는 예의 없는 행태를
탄식함. 교회는 죽어도 놓치면 안 되는 것이 예의라고 강조하면서
사랑은 무례히 행치 않는 것이라고 말함.

(4) 엡6:12-13 "12우리의 씨름은 혈과 육을 상대하는 것이 아니요 통
치자들과 권세들과 이 어둠의 세상 주관자들과 하늘에 있는 악의
영들을 상대함이라 13그러므로 하나님의 전신 갑주를 취하라 이
는 악한 날에 너희가 능히 대적하고 모든 일을 행한 후에 서기 위
함이라"라는 말씀을 읽은 후, 이런 영적 전쟁의 의미를 모르기 때
문에 혈과 육의 싸움을 싸우면서 내부 총질을 하고 있다고 강조
함. 하나님의 전신갑주를 입어야 함을 강조. 정 목사도 적이 아니
라고 강조. 적과 아군을 구분해야 한다, 이정훈 교수도 적이 아니
다. 명예훼손죄로 반격하자는 주위의 권유를 뿌리치고 있다고 말
함. 용서하는 게 이기는 것이라고 강조함. 여기서도 또다시 이찬수
목사는 이런 일을 당한 본인의 슬픔을 강조함.

(5) 주님의 질책으로 받은 설교 본문 마23:23-24를 인용한 후 하루
살이도 걸러내야 하지만 낙타도 삼키지 않아야 한다고 강조. 하
루살이는 걸러내고 낙타는 삼키는 기독교인들의 세태를 탄식. 술,
담배 같은 하루살이를 걸러낸다고 안도해서는 안 되고 정죄하고
공격하고 용서 없고 긍휼 없음으로 인해 낙타를 마구 삼키는 현

실을 개탄함. 여러분의 하루살이는? 여러분의 낙타는? 물음을 던짐. 긍휼 없음이 낙타임을 강조함.

⑹ 회복해야 할 세 가지, 정의와 긍휼과 믿음에 대해 설명함. 말과 행실로 다른 이웃에게 해를 끼치지 않는 태도가 정의이며, 어떤 사람의 필요에 따르는 친절함, 자비와 동정을 베푸는 것이 긍휼이며 상대방에게 인격적으로 신뢰받는 신실성이 믿음이라고 설명. 디도서 2장 10절을 인용하면서 삶으로 성품의 신실함으로 다른 사람들에게 먼저 자신을 보여주는 삶이 되어야 함을 강조함.

⑺ 그러면서 손봉호 교수 저서 『주변으로 밀려난 기독교』를 인용함. 특히 "지금이라도 낙타와 하루살이를 구분하고 낙타에 집중해야 하루살이를 구할 수 있다. 정직하고 공정해서 정의를 실천하며 하나님과 믿음을 돈, 명예, 권력 같은 하급 가치를 얻는 수단으로 착각하는 우상숭배를 중단하고 하나님이 주신 복을 약한 자에 대한 긍휼에 사용하면 영적 전투에서 결코 패배하지 않을 것이다. …" 이 부분을 스타카토로 강조함. 그리고 손봉호 교수를 '우리 교계의 원로, 어른이시라'고 소개함.

⑻ 이번 사태에 즈음하여 첫째로 전교회적 금식 선포. 주님의 책망, 교만 문제를 경고받았음을 표명함. 이정훈 교수를 용서한다고 함. 초신자, 불교에서 갓 회심한 초신자로서 아직 복음의 능력을 몰랐기에 이런 글을 올렸다고 말함. 이런 초신자를 떠받드는 한국교회가 문제라고 지적함. 그러면서 이게 기독교입니까, 잡으려고 인용

한 것 한마디를 붙들고 늘어지는 게 이게 기독교입니까, 십자가입니까, 이게 복음입니까, 라고 흥분한 어조로 개탄함. 이게 이 모 교수의 잘못입니까, 라고 질문하면서 천박하기 짝이 없는 우리 기독교의 잘못이라고 다시 강조함. 그래서 회개가 우리의 갈 길이라고 강조함.

⑼ 둘째로 젊은 세대와 동성애 문제에 집중하겠다고 선포. 가나안 성도들이 돌아올 수 있도록 노력할 것을 강조. 한 대학생, 교회의 쪼개짐, 분열, 반목, 갈등으로 인해 교회를 떠나 가나안 상태에 있는 한 대학생의 고뇌를 소개함. 목사와 기성세대의 잘못임을 강조. 다시 기독교의 저질스러움을 강조함. 용서가 안되고, 내부 총질하는 기독교는 유치한 기독교로 전락했다고 강조. 한국교회가 두려운 심판을 맞이할 수도 있겠으나, 그러나 희망을 가져야 함을 강조함. 진리가 바로 세워져서 예수 그리스도의 사랑이 살아나는 터전 위에 회복되어야 함을 강조함.

⑽ 이런 기독교를 해결할 수 있는 대안은 예수 그리스도이며 복음이라고 선포함. 〈예수는 내 힘이요〉 찬양.

⑾ 회개를 강조함. 비참하게 저질이 된 역겨운 기독교를 만든 죄를 회개하고 젊은이들이 돌아오게 해야 함을 강조함. 목사들 용서해 달라고. 기성세대의 용서를 비는 기도를 함. 그리고 십자가의 사랑을 강조하며 〈십자가 십자가〉 찬양함.

필자는 위의 (1)-(11)의 이야기들 중에서 동성애 설교와 관련된 논란과 좌파 시비와 관련된 객관적 사건과 정황들을 보여주는 이야기들은 제외하고, 이 사건들에 대한 이찬수 목사의 반응, 그리고 외부 사람들이 이 사건들에 대해 보여주는 반응에 대한 이찬수 목사의 반응을 내용상 다시 정리해보면 다음과 같다.

(1)과 (2)는 이 두 사건에 대한 이찬수 목사의 해석이 담겨 있는 것으로 볼 수 있다. 특히 (2)의 뒷부분에서는 '가나안' 성도들이 한국교회의 이기주의, 탐욕, 분열, 갈등, 폭력적 태도 때문에 교회를 떠난 경우가 대부분이라고 강조한다.

(3) (5)에서는 기독교의 저질스러움, 무례함, 예의 없음을 탄식하고 책망하고 있다.

(4)에서는 엡6:12-13 말씀을 통해 이런 혈과 육의 싸움을 해서는 안된다고 강조함. 다시 본인의 슬픔을 강조함.

(5)(6)(7)에서는 술, 담배와 같은 '하루살이'는 걸러내면서도 정죄와 비판과 공격과 용서 없음 긍휼 없음과 같은 '낙타'는 삼키는 기독교인들의 세태를 책망함. 삶으로 성품의 신실함으로 본을 보이는 삶을 강조함. 손봉호 교수의 책 내용을 '저와 여러분 모두에게 주신 말씀'으로 강조함.

(8) 금식선포. 이정훈 교수 같은 초신자를 떠받드는 한국교회가 문제라고 지적함. 그러면서 맹렬하게 이게 기독교냐고, 십자가냐고, 복음이냐고 흥분한 어조로 개탄함. 천박한 기독교의 잘못을 강조. 회개가 살길이라고 강조.

(9) 젊은 세대와 동성애 문제에 집중하겠다고 선포. 한 '가나안' 대학

생의 경우를 예로 들면서 기독교의 저질스러움과 용서 없는 유치한 기독교로 전락했다고 강조.

(10)(11) 회개 강조. 대안은 예수 그리스도의 복음이라고 선포함. 찬양. 비참하게 저질이 된 역겨운 기독교를 만든 죄를 회개하고 젊은이들이 돌아오게 해야 한다고 강조. 목사들과 기성세대의 용서를 비는 기도를 함. 십자가 찬양.

일단 한번 걸러진 위의 담론 단위들은 아래와 같이 A와 B의 두 의미 층위로 나눌 수 있다.

A.동성애 논란이나 좌파 시비와 관련된 댓글들과 항의들을 모두 한국교회, 한국기독교의 저질스러움, 천박, 무례, 용서 없음, 유치함으로 돌리고 탄식하고 개탄하는 담론이 주를 이루고 있다. 특히 (2)와 (3)⑤, (8)과 (9)가 그러하다.[68]

B.한국 기독교를 이렇게 만든 죄를 회개하고 십자가로, 예수 그리스도의 복음으로 나아가자고 선포하고 있다. (10)(11)이 그런 내용을 일부 담고 있다.

이 두 가지 층위, A와 B가 갖는 의미는 다음 장에서 살펴보기로 한다.

---

68) 한국교회에 대해 이런 단어들을 선택하는 것 자체가 '프레임'이다. "대상에 대한 정의가 단어들로 구성되어 있기 때문에 '프레임은 정의다'라는 말은 필연적으로 '프레임은 단어다'라는 의미이기도 하다. 한 대상을 지칭할 때 어떤 단어를 사용하느냐는 단순한 어휘 선택의 문제가 아니라 그 대상에 대한 프레임을 결정하는 중요한 행위다." 최인철, 프레임(21세기북스, 2019), 38면.

5-2

'손봉호 교수' 인용 효과
- 자크 라캉의 언어와 주체의 관계

한국교회는 '손봉호 교수'의 이데올로기-프레임이라는 문화코드를 아주 조심스럽게 해독해야 한다. 예를 들면 앞에서 살펴보았듯이 손 교수를 인용하고 극찬하면서 '손봉호 교수'의 이데올로기-프레임이라는 문화코드를 받아들인 이찬수 목사가 그의 설교에서 자신과 자신의 교회를 방어하기보다는, 되려 한국교회 전체를 공격하는 양상을 보여준 것은 그가 손 교수의 '윤리 이데올로기'라는 '낙타'를 무심코 삼켰음을 잘 보여준다.

그가 손 교수와 동일하게 이찬수 목사 특유의 한국교회를 향한 프레임('기독교의 저질스러움', '천박함', '탐욕', '이기주의', '폭력적 태도' 등등)으로 한국교회를 전체적으로 융단폭격을 퍼붓다가(그것도 적어도 네 차례나) 돌연히 회개를 말하면서 예수 그리스도로 설교의 초점을 바꾸던 지점들마다, 나는 설교를 듣고 있는 청중의 한 사람으로서 몹시 힘들고 혼란스러웠다.

손 교수의 이데올로기-프레임 구조를 무의식적으로 받아들인 채 손 교수 식의 프레임으로 한국교회를 실컷 비판한 후 갑작스럽게 회개하자고 하면, 도대체 그 회개의 주체는 누구란 말인가?[69] 사실 이찬수 목사는 자신의 교회를 정죄하고 비난한 댓글 부대나 사람들에게 겸손한 태도를 취한 듯하지만, 내가 보기에는 그렇지 않았다. 오히려 한국교회, 한국 기독교를 몇 차례에 걸쳐 프레임으로 정죄하고 비판하고 있었다.

나는 매우 당혹스러웠다. 동성애와 좌파 시비를 일으킨 댓글 부대 때문에, 항의 전화한 사람들 때문에, 또 한국교회 전체가 회개해야 한단 말인가? 심지어 이정훈 교수가 초신자임에도 불구하고 한국교회의 전사로서 맹활약하고 있는 상황조차도 한국교회 탓으로 돌리고 있는 이상한 프레임 논리 앞에서, 나는 할 말을 잃고 말았다. 그러면 분당우리교회와 이찬수 목사와 정 목사는 '탐욕'과 '무례'와 '천박함'과 '저질스러움'의 한국교회에 의해 억울하게 핍박당하고 모함을 당하고 있는 순교자라도 된단 말인가, 라는 생각이 그 순간, 나를 휘감고 있었기 때문이다.

---

69) 지금 나는 이찬수 목사를 '잡으려고' 이런 지적을 하는 것이 아니다. 나도 설교를 듣는 순간에는 한 사람의 청중이다. 한 사람의 '가나' 성도로서, 이 설교를 듣고 있을 다른 '가나안' 성도들이 걱정되었기 때문이다. 자신도 의식하지 못한 채 한국교회를 정죄와 저주의 프레임으로('천박', '무례', '저질스러움', '폭력적 태도' 등등의 표현들), 그것도 반복해서 비판하는 이찬수 목사의 메시지가, 오히려 이찬수 목사가 그렇게 걱정하면서 품고자 하는 '가나안' 성도들을 '잡을' 수도 있겠다는 생각을 했기 때문이다. 모든 상황 속에서 예수님께 바로 나아가야 그게 기독 신앙이지, 윤리 이데올로기와 프레임으로 한국교회를 향해 실컷 바리새적 정죄와 심판의 융단폭격을 가한 후에, 갑자기 회개하자, 십자가, 이러면 도대체 예수님은 어떤 반응을 보이실까, 이게 걱정이 되고 두려웠기 때문이기도 했다. 바리새적 자기의로 충만했다가, 갑자기 십자가, 이러면, 곧바로 십자가의 의가 생기는 것인가, 프레임으로 한국교회를 비판할 때의 영은 성령이 아니라 바리새인의 영이 아닌가. 윤리 이데올로기의 영이 아닌가. 어떻게 바리새적 의로 충만한 상태에서 십자가로 바로 당당히 나아갈 수 있단 말인가. 이런 복잡한 생각들이 설교를 듣고 있던 나를 짓누르고 있었다는 얘기다.

'손봉호 교수'라는 문화코드는 손봉호 교수 특유의 이데올로기-프레임 구조로 코드화되어 있다. 그의 코드는 성경적인 관점에서 해독해서 받아들여야지, 그런 과정 없이 그의 말을 인용하면서 그의 권위를 인정하는 순간, 손 교수의 이데올로기-프레임 코드 안에 있는 논리들이 그를 인용한 사람의 사고와 언어 속에 자동적으로 디코드화된다.[70] 이찬수 목사의 설교 내용이 바로 그런 경우다. '손봉호'라는 코드는 '윤리 이데올로기'와 '프레임'이라는 관점에서 조심스럽게 해독해야 한다. 순진하게 '손봉호 교수'라는 문화코드를 '기독교 윤리'로 착각하고 덥석 물면, 바로 그 순간부터 '프레임'과 '윤리 이데올로기'의 덫에 걸려, 헤어나올

---

70) 예를 들면 이찬수 목사는 동성애 문제를 손 교수와 거의 같은 관점에서 '하루살이'의 문제로 간주하고 있다. 이찬수 목사의 설교를 들어보면 동성애에 대한 그의 관점은 손봉호 교수의 그것과 거의 유사하다. 차이가 있다면 손 교수는 동성애가 '선천적'인지 '후천적'인지 아직 확정되지 않았다는 입장인 반면, 이찬수 목사는 동성애가 '후천적'이기를 바란다는 점이다. 손봉호, '동성애는 하나의 가시', 『주변으로 밀려난 기독교』, 154–157면 참조 요. 이찬수 목사와 손 교수가 68혁명과 같은 세계 사상사의 흐름을 제대로 파악하고 있다면, 아니면 그런 흐름에 대해 한국교회가 성경적으로 대응하려는 입장에 동의하고 있다면, 이런 인식을 가지기는 힘들다. 한국교회에 68혁명의 사상사적 의미를 빌헬름 마이어 이후의 '성정치' '성혁명'의 맥락에서 설명하고 있는 이정훈 교수는 단순한 '초신자'가 아니다. 내가 보기에 그는 주님께서 한국교회에 보내주신 21세기 사도 바울과 같은 존재다. 이정훈 교수는 법학, 신학, 종교개혁사, 한국교회사, 한국역사, 포스트모더니즘 철학, 국제정치학 등등의 학제간 영역들을 넘나들며 정리하고 설명할 수 있는 희귀한 지성의 사람이다. 이 교수 안에는 여러 분야에 능통한 학자들, 이론가들, 사회활동가들이 동시에 존재하고 있다. 그러면서도 철저한 복음주의자다. 거기다 매우 열정적이며 학구적이다. 아마도 초대교회에 나타난 '초신자'로는 사도 바울을 들 수 있겠다. 그 '초신자'는 이방인 선교의 큰 획을 그은 선교사였으며, 나중에 베드로 사도도 책망했을 정도로 권위를 가진 사도가 되었다. '초신자'는 결코 영적 등급 개념이 아니다. 개인적인 말을 보탠다면 솔직히 말해서 필자는 주님께서 이정훈 교수를 회심시키신 사건을 접하고서부터 비로소 21세기 한국교회의 희망을 발견할 수 있었다.

수 없게 되는 것이다.[71]

교회론의 관점에서 볼 때 필자는 손 교수를 좌/우의 기준으로도 봐야 하지만, 더 정확하게 말해서 교회적/반(反)교회적 기준에서 봐야 한다고 본다. 그는 반교회적이다. 신학을 했고 협동설교자였으며 직분은 장로지만 그는 반교회적인 사람이다. 앞서 살펴보았듯이 한국교회를 저주와 멸망의 프레임에 가둬놓고 고사시키고 해체시키려는 것이 그의 교회관이다.

자신을 중도좌파로 여기든 중도우파로 여기든, 좌로 여기든 우로 여기든 손 교수를 '반(反)교회적'인 사람으로 이해해야, 손 교수에 대한 '한국교회'의 대응과 대처를 위한 근본적인 실마리가 풀린다. 더 정확하게 말하자면 그는 좌, 좌도 극좌인 동시에 반교회적인 인물이다. 반교회적인 사람이 교회를 향해 저주의 프레임을 걸어놓고 비판하는 것을 '기독교 윤리'라고 착각해서는 안 된다. 그를 '기독교' 윤리의 관점에서 한국교회의 원로이자 어른으로 존경하고 추앙하고 추종해온 일각의 해석

---

71) 필자는 이찬수 목사가 '무의식적으로' 손 교수의 이데올로기–프레임 코드를 수용하고 반복 생산한다고 본다. 그렇지 않다면 자신이 한국교회를 향해 프레임으로 공격하다가, 바로 십자가로 돌아가는 일이 그렇게 쉬울 리가 없지 않은가. 라캉은 무의식은 타자(Other)의 담론이라고 말했다. 여기서 '타자(Other)'는 라캉이 말하는 '상징계'에 속하는 '대타자'로서, 인간이 자신의 주체성 안으로 동화시킬 수 없는 '절대적 타자성(absolute otherness)'을 의미한다. 인간이 타자의 언어와 욕망을 통해서 자신의 욕망을 말할 수밖에 없는 점에서 볼 때, 무의식은 타자의 담론일 수밖에 없다. 숀 호머 지음, 김서영 옮김, 라캉읽기(은행나무, 2017), 111–112면 참조. 다시 말하면 이찬수 목사가 한국교회를 향해 부정적인 프레임을 반복적으로 던진 것은 자신의 의지가 아니고, 자신이 의로워서도 아니고, 그의 안에 들어온 이데올로기–프레임 인식틀, 즉 '손봉호 교수'라는 문화코드가 무의식적으로 그를 지배하고 있기 때문이다.

은 이제 멈추어야 한다. 그런 해석 자체가 사회윤리주의자이자 이데올로기스트로서의 손봉호 교수의 삶을 부정하거나 무시하는 무례나 무지의 소산일 수 있음을 기억해야 한다.

특히 착하고 선하고 양심적인 사람들일수록 손 교수와 같은 이데올로기-프레임 논리에 휘말리지 않도록 조심해야 한다. 손봉호 교수는 이런 사람들을 적어도 '중도 좌파'나 그 이상의 '좌' 쪽으로 끌어들이는 데 있어서, 매우 탁월한 전략가이며 '낚시꾼'이다. 그가 던지는 '정의'와 '긍휼'의 밑밥에 끌려 그의 '윤리'의 미끼를 덥석 물면[72] 바로 그 순간 자신이 '도덕적 우위'를 확보하게 된다고 착각하면 안 된다. 그 동기는 순수할지 몰라도, 그 결과는 심각하다. 손 교수를 혼자 존경하고 추종하는 것은 어쩔 수 없는 일이다. 그건 개인의 자유의 영역이다. 하지만 그 한 사람을 통해 손 교수의 프레임과 이데올로기를 도덕적 가치로 전파함으로써 수많은 사람들로 하여금 반교회적 가치를 주장하는 손 교수의 주장에 수긍하게 만들고 그리하여 자신도 모르게 반교회적 프레임 사고 틀 속에서 반교회적 행위를 하게 되기 때문이다.

윤리에만 극단적으로 매달리면 이데올로기다. 윤리는 교리의 말씀을 먹고 영혼의 균형을 잡아야 한다. 윤리와 교리의 균형을 이루는 자가 예

---

72) 필자는 여기서 '바리새주의 효과(Pharisaism Effect)'라는 신조어를 제안하고자 한다. 윤리 이데올로기와 프레임으로 자신을 의롭다고 느끼는 착각에 빠지는 현상을 필자는 '바리새주의 효과'라고 부르고자 한다. 하나 더 '바리새적 나르시시즘(Pharisaic Narcissism)'라는 용어도 제안한다. 윤리로 포장된 이데올로기 속에서 자신은 항상 선하고 옳다는 미망에 빠져서 늘 타인을 비판하고 정죄하는 상태를 필자는 '바리새적 나르시시즘'이라고 부르고 싶다. 필자는 마르크시즘도 과학적 사회주의라는 미명하에 이런 나르시시즘을 갖고 있다는 합리적 의심을 갖고 있다. 물론 앞으로 더욱 천착해나가야 할 과제이긴 하지만.

수 그리스도를 늘 인격적으로 만나게 된다. 그런데 윤리를 위해 교리를 포기하는 것을 윤리라고 착각하는 사람들이 한국교회 안에 적지 않다.

이찬수 목사가 설교 담론 A(한국교회 향한 그의 프레임)를 말할 때 그는 자신이 매우 옳은 소리를 하고 있다고 생각할 것이다. 사실 한국교회가 한국기독교가 적지 않은 문제점들을 갖고 있는 것은 사실이기 때문이다.[73] 그러나 이찬수 목사는 자신이 손 교수의 윤리 이데올로기에 동의하는 순간부터 한국교회를 향한 손 교수의 공격 프레임을 자신이 삼켰음을 의식하기는 불가능할 것이다. 왜냐하면 손 교수의 이데올로기를 받아들인 순간, 그 이데올로기는 자동적으로 이찬수 목사의 사고 깊숙이 자리잡아 버렸기 때문이다. 자크 라캉이 언어가 주체를 구성한다고 한 말이 이에 그대로 적용될 수 있다. 다시 말해서 손 교수의 이데올로기, '언어'가 이찬수 목사 안에 들어왔을 때, 그 '언어'가 이찬수 목사의 '주체'를 구성해버린 것이다.[74] 다른 관점으로 표현하자면, "우리는 뇌

---

73) 모든 상황 속에서 예수 그리스도를 바라보는 것이 개신교 신앙의 핵심이다. 윤리 이데올로기를 수용하고 프레임으로 사고하는 것은 예수 그리스도 밖으로 나가버린 비신앙적 행위이다. 십자가를 바라보는 것은 내 자신의 모든 선입관, 세상적인 이데올로기, 탐욕, 가치관 등을 다 내려놓고 예수님을 바라보며 의지하는 신앙을 요구한다. 윤리 이데올로기와 프레임적 사고를 한다는 것은 이미 자신의 의를 주장하면서 세리와 창녀를 비판하는 바리새인의 기도를 올린 셈이 된다. 사실 예수 그리스도를 바라보는 것 자체가 신앙이면서 신앙 훈련의 과정이기도 하다. 내가 보기에 이찬수 목사가 그의 설교에서 이데올로기-프레임의 인식구조를 반복하는 과정은 앞에서도 언급했듯이 무의식적이다. 루이 알튀세르가 말했듯이 이데올로기는 무의식이다. 이찬수 목사는 프레임으로 한국교회를 정죄하고 비난하는 순간들마다 여전히 그 자신은 복음주의적이라고 생각하고 있었을 것이다. 자크 라캉의 명제가 연상되는 장면이다―"내가 생각하지 않는 곳에서 나는 존재하고 내가 존재하지 않는 곳에서 나는 생각한다."

74) 이 목사는 손 교수의 윤리 이데올로기와 프레임을 거의 그대로 수용하고 있다는 점에서

안의 무엇이 우리의 가장 깊은 도덕적·사회적·정치적 신념을 결정하는지에 대해 충분히 알지 못한다. 그럼에도 우리는 상당 부분 무의식적인 이 신념을 근거로 행동한다."[75]

이런 관점에서 필자는 아까 언급했듯이 이찬수 목사가 설교 중에 담론 A에서 갑자기 담론 B로 비약할 때마다 아슬아슬함을 느끼지 않을 수 없었다.[76] 왜냐하면 담론 A에서는 앞서 손 교수의 이데올로기와 프레임을 논하는 장에서 살펴봤듯이 복음이 해체되고, 즉 예수 그리스도가 삭제되고 없기 때문이다. 프레임으로 흥분한 어조로 비판할 때는, 자신은 의롭다는 바리새적 효과(레프트 나르시시즘)에 사로잡혀 있다가, 프레임을 벗어나는 동시에 회개를 촉구하면서, 십자가의 예수 그리스도를 바라보자고 돌변하는 설교 앞에서, 필자는 롤러스케이트를 타고 있는 것 같은 어지럼증을 느꼈다. 담론 A에서 담론 B로 넘어가는 장면들에서, 그리고 B에서 A로 다시 넘어가는 장면마다, 나는 서커스단의 줄타기를 보는 듯한 아슬아슬함을 느끼지 않을 수 없었다. 이 두 영역은 분명히 영이 서로 다른 영역이 아닌가!

그리고 몇 가지를 더 짚어보자면 '가나안' 성도들이 교회에 안 나오

는 손 교수와 같은 입장이지만, 그가 세속적 이데올로기에 의존하지 않고 곧바로 십자가 복음으로 돌아오려고 한다는 점에서, 세속적 마르크스주의로 타락한 한국교회를 대체하고자 하는 손 교수와는 구분된다.

75) 조지 레이코프, 나익주 감수 유나영 옮김, 코끼리는 생각하지 마(와이즈베리, 2019), 9–10면.

76) 설교에 간섭해서 사실 대단히 송구하고 죄송한 마음이다. 제 설교도 제대로 못하면서 감 내놔라, 뭐 내놔라 하는 것 같아서 얼굴이 붉어지기도 한다. 여기서 이렇게 분석을 하는 목적은 어디까지나 손 교수의 윤리 이데올로기–프레임 효과에 대해 구체적으로 분석해보자는 취지임을 아무쪼록 이해해주기 바란다.

는 이유를 전적으로 한국교회의 탐욕, 분열, 폭력적 태도 등의 탓으로만 돌리는 이찬수 목사의 논리에도, 또 다른 의미의 '프레임'이 적용되고 있음을 알 수 있다.[77] 많은 '가나안' 성도들이 한국교회의 문제 때문에 교회를 떠났다는 지적은 사실이다. 부분적으로 맞지만 그걸 전체로 몰아붙이는 것은 프레임에 걸린 것이다.

어떻게 '가나안' 성도가 교회를 떠난 이유가 전적으로 한국교회 전체의 무례와 폭력적 태도와 분열과 갈등 때문인가. 그 '가나안' 성도가 다녔던 그 교회의 문제 아닌가. 왜 군이 거기서 한국교회 전체를 프레임을 걸어 비판하고 저주하고 정죄하는 것인가. 군이 따지자면 손 교수 같은 사람들이 정죄와 저주 프레임으로 한국교회를 공격하는 행위 자체도 '가나안' 성도들을 대량 생산하는 원인을 제공하고 있는 것은 아닌가.[78] 군이 범박하게 말해도 이 시대 포스트모더니즘의 참을 수 없는 '가벼움'의 문화 논리도 그 이유가 되지 않겠는가. 사람들 속에서 공동

---

77) 최인철 교수는 그의 책에서 "프레임은 다양한 형태를 지닌다. 우리의 가정, 전제, 기준, 고정관념, 은유, 단어, 질문, 경험의 순서, 맥락 등이 프레임의 대표적인 형태다. 사람들은 흔히 프레임을 '마음가짐' 정도로만 생각한다. 그래서 좋은 프레임을 갖추기 위해서는 좋은 마음을 가져야겠다고 '결심'한다. 그러나 프레임은 결심의 대상이라기보다는 '설계'의 대상이다. 프레임 개선 작업은 나의 언어와 은유, 가정과 전제, 단어와 질문, 경험과 맥락 등을 점검한 후에 더 나은 것으로 설계하고 시공하는 작업을 요한다."고 말한다. 최인철, 프레임(2019년, 21세기북스), 66면. 예수 그리스도 안에 있는 그리스도인들은 자신이 갖고 있는 '프레임'들을 그분의 말씀으로 끊임없이 깨뜨리고 회개하면서 그분을 닮아가는 존재들이다. 자신의 '프레임'들을 자신의 사고 속에서 계속 고착시키고 강화하는 그리스도인들은 '육신적'이거나 아니면 '육적'인 존재들일 것이다.

78) 나는 20대 30대에 예수를 떠나고 교회를 떠나 있었다. 만약 그때 내가 '개신교 역사상 가장 타락한'이라는 프레임을 듣게 되었다면 아마 나는 다시 교회로 돌아오기 힘들었을 것이라고 생각하고 있다.

체 속에서 신앙생활을 하기에 부담스러워 하는 나홀로 문화의 영향도 있지 않겠는가. "12우리의 씨름은 혈과 육을 상대하는 것이 아니요 통치자들과 권세들과 이 어둠의 세상 주관자들과 하늘에 있는 악의 영들을 상대함이라 13그러므로 하나님의 전신 갑주를 취하라 이는 악한 날에 너희가 능히 대적하고 모든 일을 행한 후에 서기 위함이라"라고 기록된 엡6:12-13 말씀은 댓글로 공격하는 자들뿐만 아니라 교회를 떠난 '가나안' 성도들도 받아야 할 말씀이 아닌가. '가나안' 성도들이 아직 예수 그리스도를 인격적으로 만나지 못한 상태에서 모든 문제를 외부 탓으로만 돌리는 사고에 더 근본적인 이유가 있지 않겠는가. 왜 이찬수 목사는 이 모든 것들을 한국교회 전체의 저질스러움, 탐욕, 타락, 분열, 폭력 때문으로만 몰아가는 것인가. 바로 이게 이찬수 목사 자신이 의식하지 못하는 가운데 작동되고 있는 이데올로기-프레임 인식구조 때문 아닌가.

그리고 '가나안' 성도 앞에서, 그 모든 것이 한국교회 전체의 잘못이라고 한다고 무슨 유익이 있는가. 오히려 그것 자체가 '가나안' 성도들을 양산하는 결과를 초래하는 말이 될 수도 있지 않겠는가. 엡6:12-13 이든 무슨 말씀이든 영적으로 보고, 예수 그리스도를 바라보라고 권면하는 것이 프레임으로 공격하는 것보다는 훨씬 진정한 목회적 태도가 아니겠는가. 그리고 또 그 '가나안' 청년을 오직 분당우리교회 담임목사 혼자만 다 품고 이해하고 있다는 생각도 조금 많이 그렇지 않은가. 모든 걸 한국교회 탓으로 돌리면서 프레임을 신나게 날리다가, 돌연히 십자가로 돌아가서 회개하자 이러면, 도대체 뭔 말인지 '가나안' 성도들이 이해할 수 있겠는가. 오히려 그들이 돌아올 수 있는 길을 이찬수 목사는 자신도 모르게 반복적으로 내뱉고 있는 자신의 프레임을 통해, 차단하고 있는 것은 아닌가.

그리고 한 가지만 더 지적하자면 이찬수 목사가 페이스북 같은 SNS 공간에서 예의를 찾는 것 자체가 우물가에서 숭늉 찾는 일이 아닌가 하는 점이다. 잘 알다시피 교회 안이든 밖이든 SNS 공간은 원래 공격적이고 천박하고 예의가 없는 공간 아닌가. 그게 이 시대 문화가 아닌가. 예의를 갖추고 정중하게 상대방을 받아들이고 이해하며 격려하고 위로하고 사랑하는 그런 댓글의 역사가 도대체 이 땅 그 어디에 있었단 말인가. 그걸 모르는 바가 아닐진대 댓글들을 읽고서, 그걸 모두 예의가 없고 무례하고 천박한 한국교회 전체의 속성으로 예의 환원시키면서 동일한 프레임으로 반복해서 정죄하고 비난하는 담론 A는 '자학 프레임' 혹은 '바리새적 프레임'이 아니면 도대체 뭐란 말인가. 이찬수 목사는 설교 도입 부분에서 '내부 총질'을 하지 말자고 말했지만, 이찬수 목사의 한국교회를 향한 프레임 공격은 내가 보기에 '내부 총질'이 아니고, '외부' 총질인 것처럼 보인다. 바리새적 영으로, 이데올로기의 영으로 한국교회를 프레임 공격하는 것은 분명히 외부 총질 아닌가. 물론 외부에서 격렬하게 한국교회를 향해 총질을 하다가 다시 내부로, 십자가로 돌아오려고 하기는 하지만 말이다.

기독교를 '개독교'라고 지금 세상은 부른다. 세상이 만든 프레임이다. 그러나 생각이 있는 크리스천이라면 세상이 만든 그 프레임에 스스로 갇힐 필요가 없다. 마찬가지다. 세상은 그렇다 치더라도 한국교회 '안'에 있는 사람들이라면 한국교회를 무슨 강아지 이름 부르듯이 함부로 그렇게 부르지 말았으면 한다. 제발 아무 프레임이나 갖다 씌우지 말았으면 한다. 그것도 이데올로기-프레임 인식 구조 속에서 스스로는 대단히 의롭다고 착각하면서 말이다. 눅18:9-14 말씀, 바리새인과 세리의 기도는 기독 신자들이 언제나 기억해야 할 말씀이 아닐 수 없다. "9 또 자기를 의롭다고 믿고 다른 사람을 멸시하는 자들에게 이 비유로 말씀하시되 10 두 사람이 기도하러 성전에 올라가니 하나는 바리새인이요 하나는 세리라 11 바리새인은 서서 따로 기도하여 이르되 하나님이여 나는 다른 사람들 곧 토색, 불의, 간음을 하는 자들과 같지 아니하고 이 세리와도 같지 아니함을 감사하나이다 12 나는 이레에 두 번씩 금식하고 또 소득의 십일조를 드리나이다 하고 13 세리는 멀리 서서 감히 눈을 들어 하늘을 쳐다보지도 못하고 다만 가슴을 치며 이르되 하나님이여 불쌍히 여기소서 나는 죄인이로소이다 하였느니라 14 내가 너희에게 이르노니 이에 저 바리새인이 아니고 이 사람이 의롭다 하심을 받고 그의 집으로 내려갔느니라 무릇 자기를 높이는 자는 낮아지고 자기를 낮추는 자는 높아지리라 하시니라."

5-3

윤리 이데올로기의 정치논리 4
– 김근주 목사의 〈복음의 공공성〉

 손봉호 교수의 경우 프레임은 2011년 이후 분명하게 드러났지만, 윤리 이데올로기는 그 정체가 '커밍 아웃'을 하지 않은 채 감춰져 있었다. 앞서 살펴보았듯이 '동성애는 대세다'라는 프레임에는 이데올로기가 숨겨져 있었고, '약자 중심의 윤리'의 경우도 마찬가지였다. 이찬수 목사의 경우에는 프레임은 손 교수의 경우와 마찬가지로 설교 안에 분명히 반복적으로 드러나고 있었다. 하지만 그런 프레임을 생산하는 인식틀, 즉 그의 '윤리 이데올로기'는 정체성 혼란의 양상을 보여준다고 할 수 있다. '보수 꼴통'이라고 비판을 받은 적도 있었는데, 지금은 좌파라는 공격을 받고 있다는 신세한탄과 같은 설명에서도 이런 편린을 엿볼 수 있다.

 정면으로 하나님을 대적한 북한 공산주의 세력이자 북한으로부터 자금을 받아 활동한 신영복에 대해 이찬수 목사가 2016년 1월 31일 설교 중 "이런 차원에서 저는 성공회대 신영복 교수님을 참 이런 면에서 존경하는데요. 저는 이 분이 쓴 책이 참 좋습니다."라고 말했음에도 책 제목만 언급했다고 극구 변명하고 있는 모습을 보면서, 한국교회를 향한 그의 명시적인 프레임 공격과는 달리 손 교수를 벤치마킹하고 있는 그의 '윤리 이데올로기'는 극심한 자기검열 과정에서 거의 무의식 수준으로 감춰져 있다는 합리적 의심을 필자는 갖고 있다.

반면 최근 성서한국 진영에서 활발한 활동을 보이는 김근주 목사의 경우는 이찬수 목사와 전혀 다르다. 어떤 의미에서는 손봉호 교수에게서는 명확하게 드러나지 않은 채 감춰져 있었던 윤리 이데올로기의 정체가 매우 속시원하게(?) 구체적으로 커밍 아웃이 되고 있다.

김근주 목사의『복음의 공공성(비아토르, 2019)』을 호기심과 인내심을 갖고서 읽어나가다 보면 독자는 저자가 복음을 구약에서 찾고 있으며 [79], 신약을 구약에 결과적으로 종속시키는 독법을 보여주고 있음을 발견한다. 저자가 이런 독법을 시도하는 이유는 이 책을 읽어나가다 보면 보다 명확하게 밝혀진다.

> 이 책을 쓴 가장 기본 취지는 구약이 전하는 복음을 살펴보는 것이다. 흔히 구약은 율법, 신약은 복음이라는 선입견이 그릇되었다는 것을, 구약이 줄곧 영광스럽고 풍성한 복음을 전한다는 것을 이 책에서 드러내고자 하였다. 구약의 여러 본문을 찬찬히 주석하고 풀이하고 오늘의 현실과 연결하여 해석하면서, 그 면면에 흐르는 복음의 공동체적이고 공적인 특징을 드러내고자 하였다. [80]

---

79) "라이트가 지적하듯이, 오늘날 교회는 바울의 칭의 개념이라는 맥락에서 복음서를 이해하는 듯하다. 그러나 바울을 읽는 맥락이 복음서이고, 복음서의 맥락은 바로 구약이다. 성경 본문의 의미를 문맥에 따라 파악해야 한다는 것이 누구에게나 자명한 사실이라고 할 때, 우리는 신약성경의 문맥은 구약임에 유의해야 한다." 김근주, 위에 소개된 책, 10-11면.

80) 김근주, 복음의 공공성(비아토르, 2019), 7-8면.

김근주 목사가 '구약이 전하는 복음'을 찾고자 하는 이유는 명백하다. '공동체적이고 공적인 특징'을 '오늘의 현실과 연결하여 해석'하고자 하기 때문이다. 그러니까 다른 부분을 읽지 않아도 벌써 이 단락을 통해 적어도 한 가지 사실은 눈치챌 수 있게 된다. 그건 김근주 목사의 '복음'에는 예수 그리스도가 없다는 사실이다. 예수 그리스도의 복음은 해체되어버리고 '공동체적이고 공적인' 정치적 공공성이 그의 '복음'이 되기 때문이다.

장 칼뱅을 비롯하여 웨스트민스터신앙고백 같은 데에서, 구약 율법을 이른바 시민법, 도덕법, 제의법으로 구분하여 율법의 폐지와 존속을 말한 것도 근본적인 문제를 초래했다. …이러한 규정들을 폐지된 것으로 여기자 구약 전체는 개인 윤리와 연관된 도덕 영역으로 축소되었다. 그 결과 개신교 신앙은 구약을, 더 나아가서는 성경 전체를 지극히 사적인 영역에 가두어버렸다. 이처럼 구약의 정치적, 사회적, 구조적 차원에 주목하지 않는 것은 단순히 부족한 읽기가 아니다. 하나님 말씀인 성경 전체를 파괴하고 뒤흔들어버리는 읽기다. 정치적 차원을 간과하고 성경을 읽으면 성경이 격언 모음집이나 영적 비밀 모음집이 되어버린다고 볼 때, 우리가 흔히 해오던 성경 해석은 이단 사이비 종파의 출현을 이미 배태한 셈이다.[81]

저자의 논리에 따르자면 21세기 한국에서 기독교 성경해석학 역사상

---

81) 김근주, 복음의 공공성(비아토르, 2019), 20면.

매우 경이로운 코페르니쿠스적인 전환이 일어난 셈이다. "정치적인 이해는 틀과 구조를 인식하는 것이다. 성경을 개인적이고 내면적으로 적용하는 말씀으로 만들기를 거부하는 것이다. 그렇지 않으면 아이히만과 같은 존재가 필연적으로 출현한다."는[82] 저자의 그 구약 중심적 '정치적' '복음'의 지향점은 '정의와 공의'다. 저자는 그 '정의와 공의'가 없는 신약 중심적 복음은 톰 라이트의 표현대로 '빈 망토'에 불과하다고 갈파한다.

하지만 단도직입적으로 말해서 성경에서 말씀하는 '정의'와 '공의'는 하나님 말씀이며, 그 말씀을 지킬 때 정의가 지켜지고 공의가 이루어지는 것이다. 하나님의 말씀에 순종하는 것이 선이며, 불순종하는 것은 악이다. 하나님의 말씀인 성경을, 신약과 구약을 분리하고 구약에서 '정치적' '정의'와 '공의'를 말하면서 마르크스-레닌주의에서 체계적인 해답을 찾고자 하는 김근주 목사의 행각은 마르크스 유물론 이단 사이비 종파의 21세기 버전일 뿐 전혀 새로운 것이 아니다. 예수 그리스도를 삭제하고, 복음을 해체하고 마르크스 이데올로기를 절대 진리이자 정의와 공의의 근원으로 대체하려고 하는 구도는 손 교수의 경우나 김근주 목사의 경우나 똑같지 않은가.

입으로 '정의'와 '공의'를 외친다고 다 그게 정의와 공의가 되는 것이 아니라 바로 그 '정의'와 '공의'를 외치는 바로 그 사람 자체가 변화되어야 비로소 가능해진다. 이 문제를 외면하고 구약에서 '정치적' 정의와 공의를 읽어내려는 김근주 목사는 성경을 자기 마음대로 읽겠다는, 바

---

82) 김근주, 앞의책, 21면.

꾸어 말하면 성경을 인용하긴 하지만, 하나님의 뜻을 드러내는 것이 아니라 정의와 공의의 결정판인 마르크시즘을 읽어내겠다는 의도적인 오독(誤讀)의 태도를 보여주고 있다.

그래서 필자는 김근주 목사의 책을 여기까지만 읽기로 결정을 내려야만 했다. 더 이상 그의 마르크시즘적인 오독을 견뎌낼 수 없었기 때문이다. 필자는 김근주 목사의 『복음의 공공성』을 인내심을 갖고 읽어야만 했다. 물론 인내심의 열매가 없지는 않았다. 그건 성경을 읽을 때 보수주의는 원죄를 긍정하고 읽는 반면 좌파는 원죄를 전혀 인정하지 않는다는 사실을 다시 한번 깨닫게 된 것이다. 원죄라는 교리의 믿음은 모든 위대한 보수주의 사상가들의 체계에 두드러진 특징이다.[83]

신학용어로 말한다면 마르크스주의 공산주의는 인간에게 중생의 경험 없이 성화의 삶을 살라고 요구하는 것과 같은 것이다. …마르크스주의는 신학용어로 말하자면 좋지 못한 나무에서 좋은 열매를 기대하는 것이며 충고에 의해 모든 일이 실현된다고 믿고 있는 듯한 일종의 율법주의이다. 마르크스주의는 먼저 인간의 마음을 변화시키지 않고 '율법의 사역'으로 새 생명을 얻으려는 바리새적 종교의 한 형태이다. 그것은 초기 유대교에서 실패를 맛보았으며 또한 마르크스주의에서도 성공하지 못할 것이다. 정의에 대한 선포만으로는 결코 정의를 실현할 수 없는 것이다.[84]

83) 러셀 커크 지음, 이재학 옮김, 보수의 정신(지식노마드, 2018), 429면.
84) 크라우스 보무무엘 지음; 이종윤 편역, 마르크스주의의 도전과 크리스찬의 응전(정음출판

죄의 구속력 인정이 보수주의의 주요한 신조다. 퀸틴 호그는 『보수주의 옹호』라는 작지만 힘이 넘치는 책에서 이 신념의 필요성을 재차 강조했다. 왜냐하면 보수주의 사상가들은 인간이 타락했고 인간의 욕구는 억제될 필요가 있으며 죄를 억제하려면 관습과 권위, 법과 정부의 힘은 물론 도덕적 규율까지 필요하다고 믿기 때문이다. 이러한 신념은 그 뿌리가 애덤스를 통해 칼뱅주의자와 어거스틴으로, 버크를 통해 후커와 중세 스콜라철학자와 곧이어 성 어거스틴으로 그리고 아마도 …어거스틴을 넘어 마르쿠스 아우렐리우스와 금욕주의 교사들은 물론 성 바울이나 히브리인에게로 이어진다.[85]

다시 김근주 목사에 대한 논의로 돌아가서 그는 『복음의 공공성』에서 복음의 '빈 망토'에 무엇을 담고 채우고자 하는가. 이 책의 결론 부분에서 저자는 그 '빈 망토'에 채워야 할 것이 무엇인지를 말하고 있는데. 그 첫 번째는 반(反)자본주의의 정치 '틀과 구조'로 요약할 수 있고, 두 번째는 사람이 왕이 되는 인본주의의 정치 '틀과 구조'이다.[86] 결국 그는 길이요 진리요 생명이신 예수 그리스도를 두 가지 '틀과 구조'로 대체하는 관점을 보여주고 있다. 손 교수에서 김근주 목사로 이어지는 연속성은 윤리 이데올로기-반(反)자본주의와 사람이 왕이 되는(손봉호 교수의

사, 1983), 177면. 제발 자본주의를 모르면 언급하지 말든지, 했으면 좋겠다. 유튜브에서 이정훈 교수의 강의들을 열심히 들으면 건강한 자본주의가 무엇인지, 종교개혁이 자본주의와 어떤 연관성을 갖고 있는지, 종교개혁의 진정한 의미가 무엇인지를 배울 수 있게 된다.

85) 러셀 커크 지음, 이재학 옮김, 보수의 정신(지식노마드, 2018), 414면.
86) 김근주, 복음의 공공성(비아토르, 2019), 425-426면 참조.

논리로 표현하자면 '약자가 중심이 되는'—필자 삽입) 인본주의의 정치 '틀과 구조'로 이해할 수 있게 된다. 김근주 목사의 그 '틀과 구조'가 무엇인지는 이미 독자들도 충분히 감지하고 있을 것으로 여겨진다. 공동체성과 인본주의적 정의와 공의의 사회, 공산주의가 아니겠는가. 사실 정치적 정의와 공의의 최정점은 자코뱅주의다.

> 전형적인 좌파 지식인은 자코뱅주의자이다. 자코뱅주의자는 세계에는 진리와 정의가 결여되어 있으며 오류는 인간본성에 있는 것이 아니라 기존 권력체제에 있다고 믿는다. 그는 기존의 권력에 반대하며 피억압자들의 오래된 불만을 교정할 '사회정의'를 외치는 전문가임을 자처한다.[87]

반(反)자본주의의 '틀과 구조'와 사람이 왕이 되는 인본주의의 '틀과 구조'로 이루어진 사회구성체는 도대체 어떤 것일까? 그곳은 지옥이 아닐까? 인간이 만들어낸 정의와 공의를 내세우면서 스스로 의인이라고 자처하는 자들이 끊임없이 죄인들을 생산하고 죽이는 지옥이 아닐까? 그런 사회구성체에, 의인들만 득실거리는 사회에, 교회가 존재할 수 있을까? 협소한 획일성과 평등주의 그리고 모든 급진적 체계가 가진 공리주의적 목적을 의심하고 법률과 규범을 믿고 추상적 설계에 따라 사회를 구성하려는 '궤변론자, 숫자로만 생각하는 사람과 경제학자'를 불신하며, 급작스런 개혁은 진보를 알리는 횃불이기보다는 모든 것을 삼켜

---

87) 로저 스크루턴 지음, 강문구 옮김, 신좌파의 사상가들(한울아카데미, 2004),13면.

버리는 대화재일 수도 있다는 관점이 보수주의적 태도다.[88]

   신영복 교수의 책을 보면 매우 감동적인 표현들을 자주 만나게 된다. 상대방을 이해하고 껴안고 품어주는 섬세한 공감(sympathy)의 터치가 예사롭지가 않기 때문이다. 그러나 생각해보자. 한 남자가 한 여자를 사랑하는데 너무나 감동적인 사랑의 표현으로 행복하게 만들어주겠다는 약속을 많이 한다고 해서 그 남자가 무조건 믿을 만한 사람이 되는 것이 아니다. 시간이 흘러 그가 진실한 사람인지, 사기꾼인지, 난봉꾼인지, 거짓말쟁이인지를 봐야 한다. 신영복 교수가 책을 통해 공감의 수사학으로 아무리 좋은 말들을 수사학적 정의와 긍휼을 많이 늘어놓는다고 해도 그 말에 그냥 넘어가면 안 된다. 그 말들이 모두 어디를 향하는지를 확인해야 한다. 그가 궁극적으로 인도하고자 하는 곳은 김일성주의이며 주체사상이다. 모든 인민의 아버지라는 김일성을 숭배하고 경애하는 곳이 신영복이 가리키는 끝 지점이다. 과연 북한이 진정한 정의와 공의가 넘치는 곳인가? 신영복의 말만 듣지 말고 그가 안내하고자 하는 최종 목적지를 볼 수 있어야 한다. 귀에 솔깃한 말들을 늘어놓아 사람들의 넋을 뺏어놓고는 정작 권력을 잡고나면 개돼지 취급하는 곳이 공산주의이고, 공산주의도 아닌 봉건적 전제주의 독재국가 북한 아닌가. 수십만 명(혹은 수백만 명)이 굶어죽어도 눈 하나 깜짝하지 않는 생지옥이 거기 아닌가.

88) 러셀 커크 지음, 이재학 옮김, 보수의 정신(지식노마드, 2018), 65-66면.

필자는 레프트 콤플렉스와 레프트 나르시시즘이라는 말을 자주 사용한다. 나 혼자 사용하는 말이다. 자본주의가 탐욕이며 착취의 제도라는 생각 속에서 사회주의를, 공산주의를 자본주의의 모순을 극복하는 이상적인 사회공학이라는 생각을 갖는 사람들은 사실상, 레프트 컴플렉스에 빠져 있는 사람들이다. 그리고 "나는 좌파적 가치를 수용하고 지지하고 있으므로 도덕적인 사람이며, 우파적 가치에 경도되어 있는 자들을 마음껏 조롱하고 비판할 자격이 있다"고 생각하는 태도를 나는 레프트 나르시시즘이라고 부른다. 사전에도 없는 말을 나는 그렇게 사용한다. 적어도 내가 보기에는 한국사회에, 한국교회에 이런 레프트 컴플렉스와 레프트 나르시시즘이 많이 퍼져 있다. 내가 보기에 이찬수 목사는 확신 좌파는 아니다. 레프트 컴플렉스와 레프트 나르시시즘 사이 어디선가 표류 중인 것으로 보인다.

레프트 나르시시즘의 다음 단계는 레프트 판타지다. 공감이 이데올로기를 만날 때 레프트 나르시스트는 레프트 판타지의 주인공으로 업그레이드된다. 레프트 판타지의 주인공들에 어울리는 현실적 인물들에 대한 언급은 일단 이 책에서는 자제하기로 한다.

그리고 굳이 한마디를 더하라면 자본주의는 '탐욕'으로, 사회주의는 '평등'이라는 이분법으로 설교하고 생각하지 않았으면 하는 마음이 간절하다. '탐욕'은 자본주의의 속성이 아니라 타락한 인간 보편적 속성이다. 이 명제는 '조국사태'가 웅변하고 있지 않은가. 제도를 바꾼다고 사람이 바뀌지 않는다. 제도를 바꾸겠다고 입으로 나불대며 설친다고 그 사람이 바뀌지는 않는다.

마르크스주의에서 동기부여의 문제는 아직도 해결되지 않았다. 1917년 혁명(볼세비키 혁명-필자 주)에서 볼 수 있듯이 구조의 변화는 율법의 변화(즉, 외부로부터 사람들에게 부여되는 요구의 변화)에 지나지 않는다. 율법은 악을 압박할 수는 있으나 선을 창조해 내지는 못한다. 그것은 율법의 부정적인 특성 때문이다. 혁명 후에 제정된 소유권에 관한 새로운 법은 소유권에 대한 사람들의 태도를 변화시키지 못했다. 이런 사실에 대한 증거는 소련의 신문이나 위에서 언급한 일리쵸프의 연설 등에서 많이 찾아볼 수 있다. 사유재산권 폐지가 사유재산을 획득하려는 인간의 본능, 또는 더욱 많이 소유하려는 인간의 본능을 말살시키지는 못한다. 새로운 법은 확실히 이러한 본능의 활동을 억제하기는 하지만 동시에 그것은 법에 대항한 개인의 지속적인 투쟁, 즉 법망을 피해 가려는 계속적인 노력을 야기시킨다. 법(이것은 사도 바울의 신학에서 뚜렷이 드러난다)이란 인간의 저항성을 북돋는 것이다. 법은 타락한 자들을 교육할 때에만 적용되는 것이다. 강제는 인간을 지속적으로 또 근본적으로 변화시킬 수 없는 것이다. 강제는 옛 피조물과 끊임없이 투쟁하게 하는 원인이 된다. 물론 법은 필요하나 그 이상으로 내부적 동기의 변화가 필요한 것이다.[89]

복음은 복음 자체이시자 말씀이신 예수 그리스도를 인격적으로 만나는 것이다. 정치적 정의와 평등의 체계를 만들어낸다고 사람이 바뀌고 사회가 바뀌지 않는다. 복음은 예수 그리스도를 믿는 개인들이 자신이

---

89) 크라우스 보크무엘 지음, 이종윤 편역, 마르크스주의의 도전과 크리스챤의 응전(정음출판사, 1983), 177-178면.

속한 영역에서 하나님의 말씀에 순종함으로 그 영역마다 하나님의 통치가 이루어지고 하나님의 영광이 드러나는 것이다. 김근주 목사의 '복음의 공공성'은 '하나님 통치에 대한 부정'이며 거기서부터 마르크시즘의 혁명적 파토스를 산출해내는 양상을 보여준다. 이 양상은 포이에르바하에서 칼 마르크스로, 현대 좌파에게로 이어지고 있는 반(反)기독교 사상과 철학의 공식이다.

성서한국을 대표하는 강사들 중의 한 사람인 김근주 목사의 '복음의 공공성'은 손 교수 '윤리 이데올로기'의 외연적 확장이 궁극적으로 '하나님 통치에 대한 부정'이며 반신론(反神論)으로 향하고 있음을 확인할 수 있게 한다.

6.

결론

6-1

일곱 가지 질문들에 대한 자문자답

결론적으로 앞의 서론에서 제기된 일곱 가지 질문들에 대해서 필자는 다음과 같이 자문자답하고자 한다. 질문 순서의 역순으로 답변한다.

(7) '개신교 역사상…'이나 '한국교회는 망해야 한다'는 식의 발언은 '한국교회의 원로이자 어른'의 '쓴소리'로 받아들이기에는 너무 참혹한 내용이 아닌가? 그렇다면 혹시 그는 한국교회의 '아군'이 아닐 수도 있지 않겠는가…?

답변 그는 한국교회의 '적'이다. "그리스도의 몸으로서의 교회는 참 그리스도인들의 모임으로 개교회(個教會)를 초월하는 영적 공동체다. …교회의 머리이신 그리스도가 한 분인 것처럼 거룩한 공교회는 하나뿐이다. …성경이 교회를 그리스도의 몸이라 할 때 특히 강조하는 것은 교회의 연합이다. 그 연합은 모래알이 모여 무더기가 된 것 같은 기계적(mechanic)인 집합이 아니라 동물의 몸이나 건물처럼 유기적(organic)인 조직이다.…"[90] 라고 손 교수 자신이 말한 맥락에서 볼 때 그는 한국교회의 적이다. 왜냐

---

90) 손봉호, 주변으로 밀려난 기독교, 108–109면.

하면 그는 교회의 머리 되시는 예수 그리스도를 삭제하고 이데올로기화된 윤리, 즉 마르크시즘으로 한국교회를 프레임 공격하고 있는 사람이기 때문이다. '아군'은 절대로 그렇게 공격하지 않는다. 그는 이데올로기화된 윤리와 프레임으로 장치된 트로이 목마를 한국교회의 왼편 한 높다란 언덕 위에 세웠다. 그 트로이 목마에서는 지금 종북, 사회주의 혁명, 한국교회 해체, 한미동맹 파괴, 동성애 찬성 등등의 담론들이 마구 쏟아져 나오고 있다.

(6) 한국교회의 '멘토', '원로'라는 얼굴, '정직', '청렴' 등의 도덕군자로서의 얼굴들, 한국교회와 한기총에 대해 저주를 퍼붓는 얼굴, 그리고 서울대학교 교수 등의 지식인으로서의 얼굴, 기윤실, 성서한국 같은 단체를 통한 사회활동가로서의 얼굴, 이런 그의 다면적 얼굴들을 하나로 묶을 수 있는 그의 진짜 얼굴을 그려내야 하지 않겠는가? 그래야만 한국교회와 성도들이 그에 대해 합당한 대응을 할 수 있지 않겠는가?

답변 그의 프레임으로 보면 그는 교회해체주의자이며 이데올로기로 보면 사회주의 혁명을 추구하는 사회윤리주의자이다. 프레임은 드러났지만, 이데올로기는 동성애 관련 담론과 '약자 중심의 윤리' 등의 담론 속에 감춰져 있었기 때문에 그의 신앙적 정체성에 대한 혼란이 있어 왔다.

(5) 손봉호 교수를 저렇게 발언하게 만드는 사고체계는 무엇인가? 그 정체를 밝혀내야 한국교회가 그에 대해 대응할 수 있지 않은가? 그 정체는 도대체 어떻게 밝혀낼 수 있는가?

답변 그의 윤리 이데올로기는 기독교 윤리가 아니라 사회주의 혁명 이데올로기다. 그는 프레임만 드러내고 이데올로기를 전략적으로 감춰온 '진지전'의 전사이자 전략가이다.

(4) 손봉호 교수는 자신의 저서들에서 '예의'를 강조하고 있는데, 정작 그는 교회의 머리 되시는 예수님께 너무 '예의'가 없지 않은가. 예수님 대신 자신이 교회를 심판하는 자리에 올라서 있는 것은 아닌가? 그런 자신의 모습을 보지 못하고 있는 것은 아닌가? 윤리교사로서의 위상에 너무 도취된 나머지 정작 성삼위 하나님께조차 '예의'를 지키지 못하고 있는 것은 아닌가? 어떻게 한국교회를 저렇게 참혹한 수준으로 비판할 수 있단 말인가? 예수님께서 요한계시록에서 아시아 일곱 교회에 대해 권면하고 경고하실 때도 그렇게까지는 하지 않으셨는데, 그렇다면 손봉호 교수는 예수님 위에 있는 사람인가?

답변 손 교수의 이데올로기적 사고에 예수는 존재하지 않는다. 그에게 예수는, 복음은, 해체의 대상일 뿐이다. 일부 복음주의자들이 그를 지지하거나 그와 함께하는 이유 중의 하나는 그들이 이 사실을 읽어내지 못했기 때문이다.

(3) 도대체 한국교회는 '개신교 역사상 가장…'이라는 최상급 독설을 한국교회를 향해 퍼붓고 있는 일개 장로에 대해 별다른 대응을 하지 못하고 있는 것일까?

답변 한국교회가 전반적으로 윤리 콤플렉스에 빠져 있기 때문이다. 그래서 일부 교회의 타락과 불법을 놓고서 한국교회 전체를 공격하는 손 교수의 논리에 제대로 대응하지 못하고 있었다. 교파적으로 신학적으로 이념적으로 나뉘어져 있어 한국교회의 '중심'이 없기 때문이기도 하다.

(2) 한국교회가 개신교 역사상 가장 타락했다고 단정하는 그 발언에는 어떤 의미의 층위들이 깔려 있는 것인가?

답변 한국교회를 파괴하고 해체하기 위한 프레임 공격이다. 이 프레임은 교회 밖의 사람들에게는 한국교회를 완전히 부정하게 만드는 인지적 장치가 된다. 또한 교회 안의 사람들에게는 당황스러움과 부끄러움과 죄책감과 자괴감의 인지의 덫에 갇히게 하는 효과를 가져온다. '가나안' 성도를 대량생산하는 원인을 제공하고 있기도 하다.

(1) 손봉호 교수는 누구인가?

답변 손봉호 교수는 기독교 윤리의 아이콘으로 알려져 왔으나, 사실은 아니다. 손봉호 교수는 한국교회를 해체하고 한국사회를 사회주의 혁명으로 바꾸고자 하는 이데올로기스트이자 사회윤리적 관점에서 정의와 공의를 실현하고자 한 사회활동가다. 루이 알튀세르의 표현에 의하자면 손 교수는 신에 의해 부름을 받은 사명자가 아니라 이데올로기에 의해 부름받고 그 이데올로기의 명령에 순종하는 이데올로기스트다.

6-2

제안 1
– 분별/분리/차단/기독변증/한국개신교 정체성 재확립

지금 한국교회는 개신교/이단의 분별도 중요하지만 현실적으로 개신교/마르크스주의 이단의 분별도 매우 중요하다.[91] 사실 마르크스주의 자체가 이단이다. 끝만 다른 것이 아니라 처음부터 다르다. 칼 마르크스는 신을 부정하고 교회를 부정하고 공격한 유물론적 사회주의 혁명가였다. 그의 이론을 탑재한 그 어떤 입장도 종교개혁의 전통을 이어받고 있는 개신교에서는 허용될 수 없다.

개신교와 주사파는 고백이 천양지차로 다르다. 개신교는 예수 그리스도가 자신의 구주이자 왕이심을 고백한다. 그리고 예수 그리스도 안에서 왕이신 예수 그리스도를 모시고 살아감으로써 삶 속에서 그분의 왕 되심을 고백하는 것이다. 반면 주사파는 김일성이 사회적 영혼의 아버지라고 고백한다. 심지어 김일성의 무오류를 인정하고 고백한다. 부름이 다른 것이다. 전자는 성령의 부름이지만 후자는 주체사상 이데올로기의 부름이다. 공산주의를 신봉하면서 개신교 신앙을 가진다는 것은 거짓이며 심각한 착각이다.

---

91) 필자가 마르크시즘을 이단으로 분류하는 이유는 마르크시즘이 사랑과 자비와 긍휼의 이름으로 교회 속으로 잘 침투하기 때문이다.

심지어 예수를 부정하고 복음을 해체하는 것을 '복음'이라고 주장하면서 정통 교회를 오히려 '이단 사이비 종파'라고 떼쓰고 있는[92] 상황에서 한국교회는 지금부터 개신교/마르크스주의 이단의 분별을 위한 작업에 들어가야 한다.

그래서 한국교회 안에 존재하고 있는 마르크스주의 이단을 분별하고 한국교회에서 분리하고 차단해야 한다. 적 그리스도의 영에 사로잡힌 채 사회혁명 논리로 성도들과 교회를 미혹하고 공격하며, 특히 다음 세대를 집중 공략하고 있는 상황을 더 이상 방치해서는 안 된다. 한국교회 전체로는 불가능하다면 교단별로라도 공산주의 이단분별 축출 위원회 같은 부서를 설치하고 활동을 개시해야만 한다.

그리고 마르크스주의 이단들에게도 기독변증의 노력을 기울여야 한다. 중도좌파뿐 아니라 극좌파까지도 변증의 대상으로 삼아 설교, 세미나, 제자훈련 등등 각 방면에서 노력을 기울여야 한다. 성서한국에서 기독교청년아카데미를 통해서, 다른 집회들이나 모임을 통해서 복음을 이념으로 대체하면서, 청년들을 마르크스주의의 신봉자로 세뇌시키고 있는 현실을 그냥 간과해서는 안 된다. 또한 여기에 문서선교의 중요성이 대두된다.

그리하여 한국 개신교 신앙 정체성을 재확립하는 운동이 초교파적으로 전개되어야 한다. 공산주의에 대한 대처 공동매뉴얼을 제작하고, 목회자를 재교육하고, 신학교육과정 커리큘럼을 재조정하는, 초교파적 연합의 노력이 요구된다.

---

92) 김근주, 복음의 공공성(비아토르, 2017), 20면.

6-3

제안 2
– 한국교회와 대한민국 '보수' 가치 창출의 헤게모니

대한민국 보수는 초대 대통령 이승만을 거쳐 박정희 대통령 집권 시기에 들어서면서까지 오랫동안 반공을 국시로 내세우는 동시에 국가경제개발에 집중했다. 그런데 박정희 대통령 집권 중반부터 국가경제개발이 유례없는 성공을 거두기 시작하면서부터, 보수는 오롯이 거기에 도취되어 성공신화의 환상에서 벗어나지 못했다.

이로 인해 대한민국 보수는 보수의 가치를 제대로 정립하지 못하고, 시대의 변화에 능동적으로 대처하지 못했다. 그리고 이로 인해 한국 정치에 나타나는 특이한 현상들 중의 하나는 한국 보수 집단의 이념적 빈곤 또는 보수주의 이념 자체의 부재 현상이다.[93] 보수주의자를 자처하면서도 정작 보수의 가치가 무엇인지 모르는 사람들이 대부분이다. 이런 관점에서 보면 박근혜 대통령 탄핵 이후 보수의 몰락은 이미 오래전부터 예고된 참사가 아닐 수 없다. 주사파 문재인 정권이 들어선 이 시점에서 이제부터라도 대한민국 보수는 보수의 가치가 무엇인가를 새롭

---

93) 박근혜 정권이 '경제민주화'를 내세웠다 어려움을 겪은 사실, 이명박 정권이 '이념을 넘어 실용으로'라는 구호를 내세운 사실 등이 보수 가치의 부재를 나타내는 사례들에 속한다고 할 수 있다. 복거일, 대한민국 보수가 지켜야 할 가치(북앤피플, 2016), 12–13면 참조.

게 모색하면서 그 토대를 세워나가야 한다. 아무리 못난 보수라도 스스로 잘났다고 생각하는 진보보다는 훨씬 낫다. 이게 필자의 평소 생각이다. 이제 뒤늦게 가치를 모색해나가려는 보수라 하더라도, 현란하고 현학적이고 추상적인 사회구성체 이론에다 현실을 억지로 끼어맞추려고 하는 비합리적 병적 진보보다는 훨씬 안전하고 안정적인 능력을 갖고 있기 때문이다.

복거일 작가에 의하면 보수의 고뇌는 다음과 같이 표현된다. "여기에 보수의 고뇌가 있다. 도덕적 권위를 잃고 불법 행위에 연루되어 대통령의 직무를 제대로 수행할 수 없게 될 후보라는 것을 4년 전에 알았더라도, 그 후보를 지지할 수밖에 없었으리라는 상황이 대한민국 보수를 고뇌하게 만든다. 역설적으로, 그 곤욕스러운 상황이 대한민국 보수가 지켜야 할 가치가 무엇인지를 새삼 아프게 일깨워준다."[94]

인간이 사용하는 언어에서 표현된 기호가 시니피앙이라면, 시니피에는 그 기호가 의미하는 내용을 가리킨다. 20세기 초까지만 해도 기호는 구체적인 사물을 나타내는 표시로 간주되며 사물과의 필연적인 관계를 지니는 것으로 여겨져 왔다. 그러나 스위스의 언어학자 소쉬르는 기호란 분리 가능한 두 개의 요소, 즉 시니피앙과 시니피에로 구성되어 있다고 주장했다. 그는 기호 속의 발음을 시니피앙, 그 발음에 의해서 생기는 관념적 내용을 시니피에로 불렀다. 그리고 그는 이들 간의 상호 불가분의 개념을 언어의 본질로 규정하면서 기호와 사물의 관계는 우연적인 결합에 불과하다고 역설했다. 소쉬르의 이러한 이론은 언어학뿐만

---

94) 복거일, 앞의책, 23면.

아니라 구조주의에 영향을 주었다. 롤랑 바르트는 시니피앙이란 우리가 눈으로 볼 수 있는 이미지 자체이고, 그 뒤에 숨어 있는 함축적인 의미와 내용이 시니피에라고 주장했다.[95]

갑자기 왜 필자가 뜬금없이 시니피앙과 시니피에 얘기를 하는가 하면, 이 시니피앙과 시니피에의 관계가 대한민국의 '보수'라는 단어에도 그대로 적용될 수 있다고 생각했기 때문이다. 한마디로 말해서, 그리고 엄밀하게 말해서, 대한민국 '보수'는 '보수'라고 하는 기호, 시니피앙은 오랫동안 존재해 왔지만, 그 '보수'의 가치개념, 즉 시니피에는 텅 비어 있었다고 할 수 있다. 다시 말하면 대한민국 '보수'는 시니피에는 텅 빈 채 그 외피적 기호, '보수'라는 시니피앙만 계속 미끄러져 내려온 것이다.

지금 이 시점에서 우리는 지난날의 '보수'의 과오와 오류와 혼란을 성찰하면서 21세기 후기자본주의 좌표 속에 놓인 대한민국 '보수'의 가치가 무엇인지를 새롭게 성찰하고 정리해 나가야 한다. 이런 의미에서 복거일 작가의 고뇌는 바로 오늘을 살아가는 대한민국 '보수'의 고뇌가 되어야 한다.

즉 보수 집단이나 보수 정당은 존재하되 그들이 지키고자 하는 것이 과연 무엇이고 왜 지켜야 하는지 체계적으로 설명하는 이념이 부재하고 있는 현실을 직시해야 한다. 지금은 이 땅의 보수 세력이 깊이 성찰할 때다. 자신이 지지한 대통령이 도덕적 권위를 잃어 직무를 제대로 수행하지 못하니, 보수는 자신의 판단과 태도에 대해 겸허하고 정직하게

---

95) [네이버 지식백과] 시니피앙, 시니피에(signifiant, signifié) (세계미술용어사전, 1999, 월간미술) 참조.

돌아보아야 한다. 보수의 성찰은 보수라는 개념을 또렷이 하는 일에서 시작된다. 그러나 그 말은 잇고 지킬 대상을 가리키지 않는다. 그 말이 쓰이는 상황에 따라 잇고 지키는 대상이 결정된다. 대한민국에서 보수는 자유민주주의 이념과 시장경제 체제를 잇고 지키는 태도와 사람들을 가리킨다. 보수의 성찰은 당연히 넓고 깊어야 한다. 정치의 핵심은 지도자를 뽑는 일인데, 그 중요한 일에서 보수는 결정적으로 실패했다. 다른 편으로는 성찰의 대상을 명확히 하는 일도 긴요하다. 실패한 것은 보수가 지지한 지도자였지 보수가 추구한 이념과 체제가 아니었다.[96]

'실패한 것은 보수가 지지한 지도자였지 보수가 추구한 이념과 체제가 아니었다'는 작가의 지적에서 필자는 새로운 소망을 갖게 된다. 그러나 이 소망은 과거 실패에 대한 뼈저린 각성과 성찰이 있을 때만 가능한 것이다. 작가는 계속 말하고 있다.

---

96) 복거일, 대한민국 보수가 지켜야 할 가치(북앤피플, 2016), 44-46면 참조. 필자가 느끼기에 지금 한국사회에서 보수는 숫자보다는 진보의 거센 기세에 눌려 있는 것으로 보인다. 다음 글은 영국적인 상황인데, 이 나라에서도 참조할 만한 글이라고 할 수 있다. "보수주의자는 드물지 않다. 그러나 지적 보수주의자는 드물다. 영국과 미국에서는 학자들의 약 70퍼센트가 좌파로 자처한다. 그들을 둘러싼 문화적 분위기는 점점 전통적인 가치에, 혹은 서양 문명의 빛나는 업적을 정당화하는 주장에 적대적으로 돌아서고 있다. 평범한 보수주의자들, 꽤 많은 사람들이 이 범주에 포함된다고 나는 생각한다. 그들은 끊임없이 자신들의 관념과 생각이 반동적이고, 편향적이고, 성차별적이고, 인종차별적이라는 말을 듣는다. 그들은 단지 평범한 보수주의자인 탓에 포용과 비차별이라는 새로운 규범에 위배된다. 가족을 부양하고, 공동체 생활을 누리고, 신을 경배하고, 안정적이고 긍정적인 문화를 받아들이면서 자기 소신에 따라 살아가려는 그들의 솔직한 태도는 … 무시와 조롱을 당한다. 이 때문에 지식인 사회에서 보수주의자들은, … 배척을 당할까 두려운 나머지 우리의 정체를 감춰야 한다는 압력에 시달린다…." 로저 스크러튼 지음, 박수철 옮김, 합리적 보수를 찾습니다(더퀘스트, 2016), 10-11면.

이념이 다르면 정책 방향이 상이할 수밖에 없다. 왜냐하면 이념은 정책의 플랫폼(platform)이기 때문이다. 설사 자신의 정책이 유권자에게 인기가 없더라도, 근본을 함부로 바꿀 수 없다. 또한 상대방의 정책이 아무리 인기가 있더라도 그것을 쉽게 모방할 수 없다. 이를 통해 건강한 이념 및 정책 경쟁이 벌어지는 것이다. 그런데 이명박 정권과 박근혜 정권은 이런 건강한 이념의 플랫폼에 기반하지 못했다. 진정한 보수의 가치가 이념이 부재했으므로, 그들을 동일한 보수의 옷을 입고 있음에도 불구하고, 상대방을 서로 잡아먹을 듯이 싸웠다. 지켜야 할 이념이 없으면 권력밖에 존재하지 않는다. 권력을 지향하는 것, 그것이 그들 '보수'의 슬픈 한계였다.[97]

보수라는 시니피앙은 존재해왔다. 그래서 '동일한 보수의 옷'을 입고 서로 죽일 듯이 싸웠다. 가치가 없으니 권력만 좇았고, 그러다가 결국 좌파에게 다 먹히고 만 것이다. 만약 보수의 시니피에가 있었더라면, 그 가치를 지키기 위해 가치중심으로 모이고 행했더라면 싸우다 먹히지 않았을 것이다. 좀 거슬러 올라가면 당내 경선에서 떨어지면 탈당해서 무소속으로 출마하는 바람에 상대편에 대통령 자리를 갖다 바치는 어처구니없는 짓거리를 하지 않았을 것이다. 분명한 보수의 가치가 합의적으로 존재했더라면 경선 불복하고 나간 사람을 지지하는 보수의 유권자들은 그리 많지 않았을 것이다. 과거를 헤집어 누구를 비판하자는 것이 아니라 가치의 부재가 얼마나 치명적인 것인지를 다시 한번 생각해보자는 뜻이다.
이런 관점에서 보면 대한민국 '보수'의 현 상황에 대한 책임은 이명

---

97) 배리 골드워터 지음, 박종선 옮김, 보수주의자의 양심(열아홉, 2019), 8면.

박 전 대통령 때문도 아니고 박근혜 전 대통령 때문도 아니다. 이승만 대통령에서 박정희 대통령으로 면면히 이어져 온 '보수'의 가치를 '정설 (orthodoxy)'로 정립해내지 못한 보수 진영 전체의 책임이며, 보수의 진정한 리더십 부재가 그 원인이다. 가치 문제를 놓고 내부적으로 토론하고 논쟁하고 싸우면서 수십 년간 현실과 투쟁해왔던 진보 진영과는 대조되는 측면이 아닐 수 없다.

어떤 사회든 특정 이념을 자신의 구성 원리로 삼는다. 그렇게 구성 원리가 된 이념은 정설(orthodoxy)의 지위를 차지하고 다른 이념들은 모두 이설(heterodoxy)이 된다. 그리고 모든 사회 기구들은 정설과 이설 사이의 비대칭을 공식화하고 강화한다. 시민이 되는 사회화의 과정에선 정설의 습득과 이해가 핵심적이다. 우리 헌법은 '자유민주적 기본 질서'를 지향한다. 그래서 우리 사회의 정설은 자유민주주의(liberal democracy)다. 자유민주주의는 자유주의(liberalism)와 민주주의를 아우른 개념이다. 자유주의는 개인들의 자유가 사회에서 가장 중요한 가치며 개인들에 대한 사회적 강제는 되도록 작아야 한다는 이념이다. 즉 자유주의는 사회적 강제의 내용에 관한 것이다. 민주주의는 인민들 전체가 권력을 가진다는 이념이다. 그런 권력이 쓰일 목적에 대해선, 즉 사회적 강제의 내용에 관해선, 그것은 얘기하는 바가 적다. 따라서 그것은 인민들의 뜻을 제대로 반영하는 사회 구조와 의사 결정 절차에 관한 이념이다. …우리 사회에선 자유주의와 다른 이념들이 동등할 수 없다. 자유주의는 정설이고 다른 이념들은 모두 이설이다.[98]

---

98) 복거일, 대한민국 보수가 지켜야 할 가치(북앤피플, 2016), 7–9면.

이승만 초대 대통령 이후 '보수' 정당이 집권한 세월이 얼마였던가? 그럼에도 불구하고 대한민국 보수는 그 안이 텅 빈 채 '정설(orthodoxy)'의 껍데기만 뒤집어쓴 채 행세하다가 박근혜 대통령 탄핵 이후 이제 그 텅 빈 '정설'은 '이설'이 되고, 주체사상이 '정설'이 되려는 황당한 국면이 눈앞에 전개되고 있다. 지금 이 국면에서 보수 통합도 중요하지만 보수의 가치, 정설의 재정립은 그보다 선험적으로 성취되어야 할 시급하고도 중차대한 사안이다.

한국이나 미국이나 어느 나라에서나 보수주의자들이 세워야 할 것은 보수의 가치와 원칙을 제대로 세우고 지키는 것이다. 보수 가치의 부재를 인식하고 그것을 새롭게 정립해나가는 것이 이 시대 대한민국 보수의 사명이자 존재 의미가 된다. 이런 점에서 『보수주의자의 양심』의 번역자가 다음과 같이 지적하고 있는 대목은 눈여겨볼 필요가 있다.

『보수주의자의 양심』은 미국 이야기다. 우리가 그대로 좇아 할 수도 없고, 좇아 해서도 곤란하다. 그러나 위기 속에서 정치적 죽음을 불사하고 혼과 원칙을 세운 점은 우리에게 절절한 타산지석이다. 우리 보수 역시 엉거주춤 살 궁리나 하려다가는 그나마 실낱같은 명줄마저 끊기고 말 것이다. 그것은 보수의 불행일 뿐만 아니라, 진보의 불행이요, 나아가 국가의 불행이다.[99]

---

99) 배리 골드워터 지음, 박종선 옮김, 보수주의자의 양심(열아홉, 2019), 12면 '옮긴이의 글' 중에서.

자본주의를 공격하는 사람들은 자본주의는 자본가나 부자에게만 유리한 경제 시스템이라고 한다. 그러나 사회주의 체제에서 볼 수 있듯이 결과의 평등에 의한 소득 분배는 능력 있는 사람들을 역차별하는 결과만 초래하고, 국민을 복지 배급 시스템에 종속시킴으로써 무능력자로 만들기 쉽다. 또한 결과의 평등은 정부가 개인의 자유를 축소시키는 방향으로 흘러가기 마련이다. 반면 자본주의 체제에서는 평등이라는 사회 정의를 실현하기 위해 결과의 평등보다는 법치를 통한 기회의 평등이 제공되어 개인의 자유와 권리를 실현하는 데 도움이 된다.

물론 자본주의가 절대적으로 완벽한 최고의 무결점 경제 시스템은 아니다. 다만, 인류 역사를 통해 자생적으로 만들어진 가장 자연스러운 체제이자, 유일하게 실현 가능한 제도이며, 다른 체제(개입주의, 사회주의, 전체주의)와 비교할 때 가장 덜 나쁜 시스템이라는 점에서 자본주의가 가장 인간적이고 가장 바람직한 시스템이라고 할 수 있는 것이다. 자본주의의 모순을 극복하겠다던 사회주의 국가들이 처참한 실패의 기록만 남겼을 뿐, 지금까지 자본주의의 대안은 없었다는 역사적 현실이 바로 이러한 사실을 분명히 입증하고 있다. 비참함을 공평하게 나눠 갖는 것보다는, 풍요를 능력에 따라서 차등적으로 나눠 가질 수 있는 것이 훨씬 더 공평한 사회다.[100] 무조건 자본주의는 '탐욕'이고 사회주의는 '평등'이라고 믿는 단세포적 사고에서 이 땅의 레프트 나르시시즘 환자들은 깨어나야 한다.

---

100) 최승노, 정의로운 체제, 자본주의(프리이코노미 스쿨, 2015), 27-28면.

이제 대한민국에도 러셀 커크와 같은 보수주의의 기수들이 이곳저곳에서 일어나야 한다. 『보수의 정신』은 패퇴를 거듭하며 '바보'라고 조롱받았던 미국 보수주의가 부활할 수 있는 사상적 기초를 수립한 책으로 평가받는다. 보수주의는 고정된 이데올로기가 아니다. 오히려 추상적 설계에 따라 사회를 구성하려는 급진적 이데올로기에 맞서서 사회발전을 이끌어 온 현실적인 고뇌의 산물임을 러셀 커크는 잘 보여주고 있다. 보수주의자들은 무장한 교리와 이념의 통제에 저항한다. 비록 이 땅에 천국을 창조할 수는 없지만 이념에 사로잡히면 지구상에 지옥을 만들어낸다는 생각을 견지한다. 정치적 정상성의 회복이 진행되는 동안 보수주의자들은 종종 단호한 외교적·군사적 결정을 통해 질서, 정의, 자유를 훼손하려는 자들에 맞서서 버텨내야 한다.[101]

2019년 10월 3일 광화문 보수단체 집회가 갖고 있는 역사적 의의 중의 하나는 대한민국 보수가 종교와 지역과 연령을 초월하여 '보수' 가치를 중심으로 결집할 수 있다는 가능성의 단초를 열었다는 점이다.

조갑제닷컴 대표가 읽은 범국민투쟁대회의 '국민혁명' 공약의 세부 내용은 다음과 같다. 1)대한민국 헌법의 최고가치인 자유민주적 기본질서를 수호하고 공산주의를 반대할 것. 2)북한 노동당 정권과 촛불혁명 세력을 자유화의 적, 헌법의 적, 국민의 적으로 규정할 것. 3)문재인 정권의 헌법 유린 행위를 정권에 의한 반역으로 간주, 헌법의 권능으로 단죄할 것. 4)국민이 헌법유린행위에 저항하고 헌법수호에 나설 때 정권이

---

101) 러셀 커크 지음, 이재학 옮김, 보수의 정신(지식노마드, 2018), 754면.

이를 탄압하는 것을 국가문란의 내란죄로 규정. 5)주권이 헌법 제5조의 국가안전보장과 국토방위의 신성한 의무를 다할 것을 요구하며 이를 방해하는 세력을 헌법의 적으로 규정할 것. 6)국민이 이 나라의 진정한 주인이 되는 국민혁명으로 우리의 생명재산자유를 지켜내고 자유통일을 이룩해 세계 평화에 이바지함으로써 헌법 제1조의 명령인 한반도 전체의 민주 공화국을 완성할 것. 7)헌법으로 싸우고 진실로 이길 것.

전광훈 목사는 문재인 탄핵 사유로 1)한미동맹 파괴, 2)경제 파괴, 3)국군 무장해제, 4)원전 파기, 5)4대강 해체, 6)국제 외교 왕따, 7)간첩 사상을 들었다.

위의 혁명 공약과 탄핵 사유를 재정리해서 한국교회와 대한민국 보수의 접합점을 만들어내면 다음과 같이 된다.

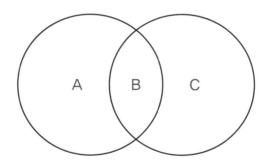

A를 대한민국 보수 중의 비기독교인이라고 상정하고, C를 대한민국 보수 중의 기독교인이라고 상정하면 B는 A와 C가 공유할 수 있는 가치가 되며, 그 가치는 자유민주주의, 시장경제, 한미동맹 중시, 대한민국 영토와 헌법 수호 등을 열거할 수 있을 것이다. 전광훈 목사가 내세운

문재인 대통령 탄핵 사유와 조갑제닷컴 대표가 발표한 '국민혁명' 공약
의 내용은 A와 C가 겹치는 B에 들어갈 수 있는 보수의 가치들이다. 앞
으로 대한민국 보수는 이 B를 보다 더 정제된 이론과 구체적이고 현실
적인 정치경제문화 논리로 만들어내는 연대와 연합의 노력과 가치 동맹
의 정신을 실현해나가야 한다.

　참고로 러셀 커크가 말한 보수의 10대 원칙을 나열하면 다음과 같
다. 한국교회가 교회 안의 신자들과 교회 밖의 합리적 보수주의자들을
포괄하는 한국적 보수의 가치를 정립해내기 위해서는 반드시 참조해야
할 가치들이 아닐 수 없다. (1)보수주의자는 불변의 도덕적 질서가 존재
한다고 믿는다. (2)보수주의자는 관습, 널리 오랫동안 합의된 지혜, 계
속성을 중시한다. (3)보수주의자는 소위 규범이라는 원칙을 믿는다. (4)
보수주의자는 신중함이란 원칙에 따라 행동한다. (5)보수주의자는 다양
성의 원칙을 중시한다. (6)인간은 불완전하다는 원칙에 따라 보수주의
자들은 스스로를 억제한다. (7)보수주의자들은 자유와 재산권이 밀접
하게 연결돼 있다고 확신한다. (8)보수주의자는 자발적인 공동체를 지지
하고 강제적인 집산주의에는 반대한다. (9)보수주의자는 인간의 격정과
권력을 신중하게 자제해야 할 필요를 인지한다. (10)사려 깊은 보수주의
자는 활력이 넘치는 사회라면 영속성과 변화를 반드시 인정하고 조화
시켜야 한다고 생각한다.[102]

---

102)　러셀 커크 지음, 이재학 옮김, 보수의 정신(지식노마드, 2018), 794-805면 참조.

6-4

제안 3
– 〈기독변증과 문화비평〉 정책 선언

〈기독변증과 문화비평 정책 시안〉

우리는 〈기독변증과 문화비평〉 매체를 창간하고 추진하고자 한다. 지금 우리는 대한민국의 과거 역사와 전통을 '적폐 청산'과 '인권'과 '성평등'이라는 미명하에 송두리째 부정하고 해체하고 있는 극좌 세력의 만행을 직시하고 있다. 이에 〈기독변증과 문화비평〉은 기독 진리에 입각하여 당대 문화를 해부하여 비판하고 선도하는 작업을 수행하고자 한다. 이 목적을 실행하기 위한 정책들은 다음과 같다.

1. 〈기독변증과 문화비평〉은 포스트모더니즘 철학과 극좌 사상이 보여주고 있는 '해체'의 논리를, 기독 진리의 관점에서 '해체'하고 재정립하고자 한다. 특히 서유럽의 신좌파의 '해체' 논리를 기독 사상의 관점에서 조망하고 변증하여 이를 '해체'함으로써, 창조세계의 불변하는 가치를 재정립하고 현대적 좌표와 미래의 지향점을 제시하여 기독 진리의 '회복'을 실현하고자 한다.

2. 〈기독변증과 문화비평〉 담론의 1차 수신자는 원리적 무신론자들이다. 여기서 원리적 무신론자들은 고전적 마르크스-레닌주의로부터 시작하여 서유럽의 신좌파에 이르기까지 제반 좌파 사상의 영향 아래에 있는 국내 극좌파들, 즉 공산주의적 신념과 유물론적 사상에 입각해 있는 무신론자들을 총칭한다. 〈기독변증과 문화비평〉은 이들에게 기독 진리를 설명하고 변증하는 동시에, 이들과 사상적으로 대적하며 영적으로 싸워나갈 것이다. 〈기독변증과 문화비평〉은 바울 사도와 스데반 집사가 근본주의적 유대인들 앞에서 기독진리를 변증했던 것처럼, '온유함과 두려움(벧전3:15)'의 태도로 기독변증 작업을 수행해나갈 것이다.

3. 〈기독변증과 문화비평〉 담론의 2차 수신자는 실존적 무신론자들이다. 여기서 실존적 무신론자들이란 진리를 제대로 만나지 못하여, 정신적으로 혹은 영적으로 방황하고 있는 구도자들을 총칭한다. 〈기독변증과 문화비평〉은 다양한 관점에서 이들을 위한 접촉점을 창출하여 이들에게 기독 진리를 설명하고 설득할 것이다.

4. 〈기독변증과 문화비평〉 담론의 3차 수신자는 교회 안에 있는 실제적 무신론자들이다. 외형적으로는 기독 신앙을 갖고 있는 것처럼 보이지만 실제의 삶 속에서는 무신론자와 전혀 구분되지 않는 삶을 살아가고 있는 자들이 이에 속한다. 자신들이 한국교회 세속화 문제에 일정 책임이 있음을 스스로 깨닫고 회개할 수 있게 하기 위해 〈기독변증과 문화비평〉은 다양한 관점에서 기독 진리를 이들에게 선포할 것이다.

5. 〈기독변증과 문화비평〉 담론의 4차 수신자는 일반 기독 신앙의 소유자들이다. 기독 진리를 변증하는 가운데, 본 매체는 이들로 하여금 한국교회 세속화의 문제들을 직시하고 회개하는 동시에, 자신의 신앙을 강화하고 소속 교회를 위하며, 한국교회 연합 사역에 일익을 담당할 수 있도록 방향을 제시하고 인도하는 역할을 할 것이다.[103]

6. 당위적으로 〈기독변증과 문화비평〉 담론의 가장 중요한 수신자는 앞서 언급된 1차, 2차, 3차, 4차 수신자들 속에 포함되어 있는 '다음 세대'이다. 후기자본주의의 욕망논리와 편향된 현대사상, 그리고 철학의 해체논리에 세뇌되고 중독되어 병들어가고 있는 다음 세대에게, 본 매체는 기독변증과 문화비평의 관점에서 이 시대의 문화의 흐름을 진단하고 설득함으로써, 이들을 건강하고 건실한 대한민국 국민으로 양육하고 훈련하는 동시에 궁극적으로 기독 진리로 인도하는 작업에 역량을 집중할 것이다.

---

103) 여기서 필자가 말하고 있는 '좌파'의 개념은 근본적으로 마르크시즘에 입각한 원리적 무신론자들, 그리고 68혁명 이후 나타난 서유럽 신좌파를 추종하는 자들을 가리킨다. 그런데 기독 신자들 중에는 '중도 좌파'가 적지 않게 존재한다. 사랑과 긍휼과 자비라는 성경적 가치를 사회적으로 공유하고 실현하기 위해 기도하고 진지하게 노력하는 분들이 한국교회 안에 존재하는 것은 매우 당연한 일이다. 그래서 필자는 원리적 무신론의 좌파와 예수 안에 있으면서 스스로를 '중도 좌파'라고 생각하는 사람들은 명확히 구분될 필요가 있다고 생각한다. 사실 이 글의 목적 중의 하나는 원리적 무신론 좌파 진영에 기독교 진리를 변증하는 동시에, '중도 좌파'라고 스스로 생각하고 있는 기독 신자들에게 '손봉호'라는 시대적 아이콘에 대해 복음적 관점에서 함께 고민해보자는 것이다.

7. 〈기독변증과 문화비평〉은 좌편향적 문화생산이 당대 문화를 주도하고 있는 작금의 현실에 유의하여, 좌편향적 지배 담론을 비판적으로 검토하고 진단하는 동시에, 대한민국의 문화 토양에 새로운 보수의 가치를 창출하고 정립해나가는 작업에 매진할 것이다.

8. 〈기독변증과 문화비평〉의 담론은 전문성과 대중성의 두 축을 갖는다. 변증과 비평 작업은 필연적으로 전문성을 요구한다. 하지만 동시에 본 매체는 대중성을 확보하는 작업도 병행해나갈 것이다. 이를 위한 방편으로 시와 소설, 수필과 간증 및 대중적인 문화 활동을 지원하고 지면을 할애함으로써 일반 대중들의 참여를 제고해 나가고자 한다. 〈기독변증과 문학비평〉은 이러한 목적을 수행하기 위해 담론방식을 온라인과 오프라인으로 이원화한다.

9. 마지막으로 본 매체가 지향하는 보수의 가치는 다음과 같다.
⑴본 매체는 문명화된 사회는, 초월적 질서와 자연법 체계가 사회와 인간의 양심을 지배한다는 커크 러셀의 보수주의 명제에 전적으로 동의한다.
⑵본 매체는 변화가 반드시 유익한 개혁이 아닐 수도 있다는 보수주의 정신을 원칙적으로 지지한다. 본 매체는 인간은 타락한 본성을 지닌 이기적인 존재로서, 항상 역사와 현실 앞에서 겸허하고 진지해야 한다는 전제에 전적으로 동의하며, 획일적 평등주의와 추상적 설계에 입각하여 사회를 재구성하려는 일체의 급진적 성향에 대해 경계하고 의심하

고 비판하는 보수주의 정신을 견지할 것이다. 하지만 여기에는 두 가지 전제가 있다. 첫째 본 매체는 변화를 무조건 거부하고 현상을 고착화하는 태도를 '보수'라 주장하는 그 어떤 권위주의도 배격하고 대적할 것이다. 둘째 본 매체는 새롭게 창출될 한국적 보수주의는 사회 약자를 배려하고 존중함으로써 사회통합 능력을 확보할 수 있는 '열림'과 '따뜻함'의 제도적 장치를 담보해야 한다고 주장한다.

(3)본 매체는 하나님의 창조 목적과 도덕적 통치를 구현할 수 있는 보수의 가치 체계를 대한민국 모든 문화 영역 속에 착목하고 창출해내는 작업에 전념해나갈 것이다. 아울러 본 매체는 기독 가치체계 위에 자유민주주의와 시장경제의 이념을 확고히 수립해나가는 동시에, 이에 동의하는 집단들과 시민들을 사회적으로 정치적으로 아우를 수 있는 리더십을 지향해나가고자 한다.

기독변증과 문화비평 ❶

손봉호 교수는 누구인가?

초판 1쇄	2020년 1월 15일
2쇄	2020년 2월 3일

지은이	박남훈
발행인	박남훈
제작대행	도서출판 지식공감

발행처	도서출판 세컨리폼
등록번호	607-19-79504
주소	부산시 수영구 망미로 30번길 23 7동 404호(망미동 삼성아파트)
전화	051-753-1583
팩스	051-558-6770
홈페이지	www.jooan.kr

가격	12,000원
ISBN	979-11-952540-5-7 03230

CIP제어번호	CIP2019052021
	이 도서의 국립중앙도서관 출판예정도서목록(CIP)은 서지정보유통지원시스템 홈페이지(http://seoji. nl.go.kr)와 국가자료공동목록시스템(http://www.nl.go.kr/kolisnet)에서 이용하실 수 있습니다.